本书编委会

顾　问：张伯礼

主　任：黄书元

副主任：辛广伟　孙钱斌　王淑军　陈士林

成　员：于　青　王长路　王淑军　王满元　朱晓新　任　超
孙　涵　孙钱斌　辛广伟　张振明　邵爱娟　陈士林
陈廷一　姜廷良　席淑君　黄书元　廖福龙

执　笔：王长路　郑　治

资料组：赵海誉　袁亚男　刘　盈　吴　杰　李雪瑶
刘敬文　安新文　郑牧野　王新明　余　平

策　划：黄书元　辛广伟

本书编委会

顾　问：张伯礼

主　任：黄书元

副主任：辛广伟　孙钱斌　王淑军　陈士林

成　员：于　青　王长路　王淑军　王满元　朱晓新　任　超
孙　涵　孙钱斌　辛广伟　张振明　邵爱娟　陈士林
陈廷一　姜廷良　席淑君　黄书元　廖福龙

执　笔：王长路　郑　治

资料组：赵海誉　袁亚男　刘　盈　吴　杰　李雪瑶
刘敬文　安新文　郑牧野　王新明　余　平

策　划：黄书元　辛广伟

屠呦呦传

中国首获诺贝尔奖的女科学家

《屠呦呦传》编写组

人民出版社

目录

引 言

当地时间 2015 年 10 月 5 日上午 11 时 30 分，瑞典首都斯德哥尔摩，卡罗林斯卡学院诺贝尔大厅，挤满了来自世界各地的记者。在众人注视之下，诺贝尔生理学或医学奖评委会常务秘书乌尔班·林达尔和 3 位评委一步步走上发布台。

林达尔面带微笑，先后用瑞典语、英语宣布，2015 年诺贝尔生理学或医学奖授予中国药学家屠呦呦以及爱尔兰科学家威廉姆 · 坎贝尔和日本科学家大村智，以表彰他们在寄生虫疾病治疗研究方面取得的成就。2015 年诺贝尔生理学或医学奖奖金共 800 万瑞典克朗（约合 92 万美元），屠呦呦将获得奖金的一半，另外两名科学家将共享奖金的另一半。

就在林达尔发布这一信息的同时，他身后的大屏幕上，随之出现了 3 位获奖者的照片和简介。照片中的屠呦呦戴着眼镜，嘴角微微带笑地注视着正前方，简介中写着“生于

这是2015年10月5日诺贝尔奖官方网站发布的照片。从左到右分别为爱尔兰科学家威廉姆·坎贝尔、日本科学家大村智、中国药学家屠呦呦

1930年，中国中医科学院，北京，中国”。

此时，是北京时间2015年10月5日下午5时30分。已成为全世界媒体都在寻找的采访对象屠呦呦尚浑然不知，她正在洗澡时，在客厅看电视的老伴突然告诉她：“你获奖了！”

起初，屠呦呦并未在意，她认为是华伦·阿尔波特奖的消息。很快，贺信和鲜花纷至沓来，一波波记者争相采访她。诺贝尔奖获得者的身份，让屠呦呦迅速处于一种她并不习惯的热闹之中。所有人都在为屠呦呦的获奖而兴奋异常，因为历史已因她的这次获奖而改写——中国首次获得诺贝尔奖的女科学家、中国医学界迄今为止获得的国际最高奖项、中医药成果获得的最高奖项。

北京时间2015年10月6日下午13时，屠呦呦接到林达尔的正式致电，通知她获奖的消息并表示热烈祝贺，诚挚邀请屠呦呦于2015年12月赴瑞典参加诺贝尔奖颁奖大会。屠呦呦一如既往地淡定，耄耋之年的她在回应时，着重提及的是“这不仅是个人的荣誉，更是国际社会对中国科学工作者的认可”。

诺贝尔奖，不仅是一个巨大的荣誉，更是为屠呦呦几十年的默默坚守所补写的一个最佳注脚。

或许正是这种内心平静的力量、淡泊名利的境界和追求真理的勇气组成了科学大家的“品格配方”。成百上千次反复的尝试，枯燥、寂寞，没有非凡的毅力、崇高的理想就不可能战胜失败的迷茫，就不可能找到突破口，也就不可能获得非凡的成就。

任何科学创新看似机遇，其实来自非凡的洞察力、宽广的视野和顽强的信念——为保证病人用药安全，屠呦呦带头试服；为取得第一手临床资料，她在海南疟区奔走，高温酷暑之下，喂患者服药……对于屠呦呦而言，这是她已深入骨髓的医者大爱与仁心，更是其“久久寻蒿”的力量源泉。

85年前，当屠呦呦的父亲从《诗经·小雅》中撷取“呦呦”二字为女儿取名时，大概也未曾预料到，女儿的整个职业生涯会与青蒿——这种神奇的传统草药相伴始终。他更不会料到，女儿会通过对这种草药的研究而拯救无数生命。

作为中国第一位获诺贝尔奖的女科学家，她有哪些故事？她有怎样的经历？让我们通过本书一道来寻访这位伟大科学家的不凡人生，一同品味她带给我们的诸多启示……

格蒂·特蕾莎·科里
美国 1947 年

罗莎琳·萨斯曼·耶洛
美国 1977 年

芭芭拉·麦克林托克
美国 1983 年

丽塔·列维—蒙塔尔奇尼
意大利 1986 年

格特鲁德·B. 埃利恩
美国 1988 年

克里斯汀·纽斯林—沃尔哈德
德国 1995 年

琳达·巴克
美国 2004 年

佛朗索瓦丝·巴尔—西诺西
法国 2008 年

伊丽莎白·布莱克本
澳大利亚 2009 年

卡罗尔·格雷德
美国 2009 年

梅·布里特·莫索尔
挪威 2014 年

屠呦呦
中国 2015 年

获得诺贝尔生理学或医学奖的 12 位女性

第一章

呦呦初鸣

20 世纪 30 年代的宁波城和姚宅

翻开中国地图，你可以看到宁波是一个海港城市。

宁波的历史可以追溯到 7000 年前的河姆渡文化。夏朝时，宁波所在地区称为鄞。唐朝，称宁波为明州。同时，宁波依赖地理优势成为全国最大的开埠港口，与日本、高丽均有频繁的贸易往来，对外贸易的进一步发达使得宁波成为海上丝绸之路的出发地。元代，宁波已经成为南北货物的集散地和全国最为重要的港口之一。清代，宁波出现了著名学派浙东史学，与西方的交流也日渐频繁。鸦片战争后，1844 年，宁波开埠。外资的进入使得宁波本土经济受到重创。此时，宁波商帮开始转变为近代商人并将新兴的上海作为主要活动地点，对上海的城市建设和上海的文化产生了重要的影响。中华民国时期，宁波经历战乱，经济发展起伏很大。1927 年 1 月至 2 月，国民革命军击败孙传芳部军阀，进入宁波。

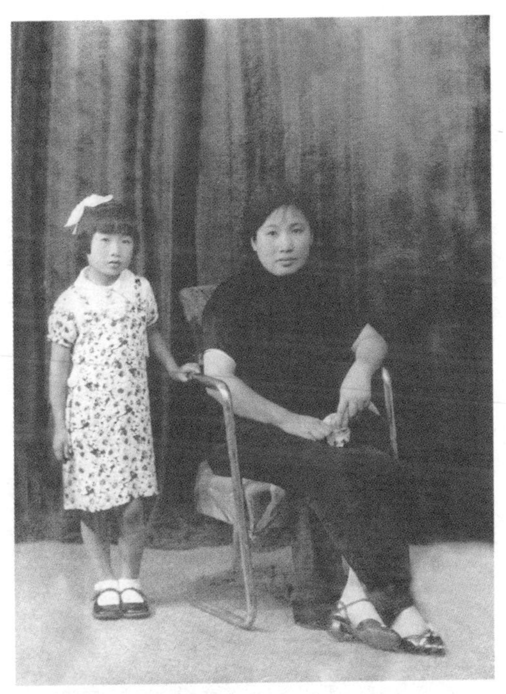

幼年屠呦呦和母亲姚仲千在一起。这是现在能找到的屠呦呦的最早照片

冲突与动荡直到 20 世纪 30 年代方才有所缓解。

屠呦呦正是在这个动荡的年代于宁波降生。

1930 年 12 月 30 日的黎明时分，居于宁波市开明街 508 号的屠家，传来了婴儿“呦呦”出世的声音，迎来了屠家继 3 个儿子后终日所盼的“千金”。

哭声呦呦，犹如鹿鸣。

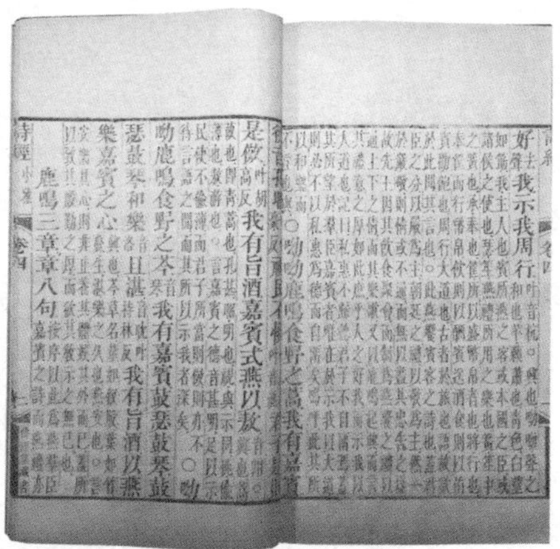

《诗经·小雅》中有言："呦呦鹿鸣，食野之蒿"

国画《呦呦鹿鸣》（孟晴）

孩子的哭声使父亲屠濂规沉浸在幸福之中。他随口吟诵出《诗经》中著名的诗句“呦呦鹿鸣，食野之蒿……”

“女诗经，男楚辞”是中国人古已有之的取名习惯。于是父亲便给小女取名呦呦，呦呦之声永远地荡漾在父亲的听觉之中，以表示他对于女儿的喜爱、期待和庆贺。

父亲吟完“呦呦鹿鸣，食野之蒿”，又对仗了一句“蒿草青青，报之春晖”。似乎这才哲理，这才完美。这四句满满童话的诗，使呦呦度过了诗意的童年。

尤其是“蒿草青青，报之春晖”，竟使千金呦呦一生就此与青蒿结下了不解之缘。

整个少年时代，屠呦呦一直生活在开明街——这片地处宁波中心城区的“莲桥第”区域，令屠呦呦从童年起，就浸染于旧时宁波最为精致、也最具江南气息的文化氛围中。

在这里五方交汇，八面来风，光怪陆离的古老中幡、肚皮拉车等民间杂耍，拍案叫绝的皮影戏、木偶戏等民间传统艺术，让人目不暇接，叹为观止。漫步于商业作坊街，能看到濒临绝迹的造纸、酿酒、榨油、打铁等传统行当。挤身民间小吃坊，江南小吃姜糖、打年糕、老嫩豆腐也应有尽有。尤其清晨街边的叫卖声，清脆悦耳，让你乘兴而来，尽欢而归，在娱乐中感受民国沧桑，在休闲中领略百业精彩。这些都印刻在屠呦呦幼年的记忆里，永不泯灭。

从这片水乡美景向东步行 20 分钟左右，则是 20 世纪 30 年代宁波城的另一处精华所在——三江口。姚江和奉化江，一个由北而下，一个由南而上，相汇于此处，然后合二为一，投身甬江，经镇海的招宝山入海口后，向着东海奔腾而去。一时间，宁波人可以将大半个中国纳入其贸易视野。与此同时，三江口的江厦码头也一度兴盛不已，千帆竞发，百货流通……于是便又有了那句俗话，“走遍天下，不及宁波江厦”。

不过，在屠呦呦的童年记忆中，商人们在江面扬帆而去，一定不如距家不到 2 公里的“天一阁”更具有吸引力。

宁波人的骄傲，来自于“书藏古今，港通天下”。天一阁中珍藏的城市文脉，对宁波人而言，在港通带来的物质财富之上。

这是一座坐落在宁波月湖之西的藏书楼，之所以成为宁波的独特城市印记，是因为它是中国现存最古老的私家藏书楼，也是亚洲现存最古老的图书馆和世界最早的三大家族图书馆之一。

身处天一阁中，抚摸刻有岁月痕迹的廊柱，行走在绿荫葱葱的院落中，嗅闻浓浓书香，其实也是回顾中国文化保存和流传的艰辛历程。这座藏书楼传承着中华文化薪火，一边记录历史进程，一边惠泽一代代后世子孙，可领略中国博大精深的儒、佛、道三教文化。

与宁波城两大地标比邻而居，无疑让屠呦呦的开明街记忆更加具有宁波味道。

开明街 26 号姚宅，是屠呦呦外婆家，承载了屠呦呦另

天一阁，建于明朝中期，是中国现存最古老的私家藏书楼，也是亚洲现存最古老的图书馆和世界最早的三大家族图书馆之一

位于宁波市开明街 26 号的姚宅，由屠呦呦外公姚咏白兴建。屠呦呦从 11 岁起在这里生活，直到考上大学。上图是姚宅庭院，下图是姚宅俯视全景

一段少年时代的记忆。

这是一幢开明街上当下仅存的民国建筑。由屠呦呦的外公姚咏白兴建。在素有尊师重道之风的宁波，姚咏白曾任上海法学院、复旦大学、大厦大学教授。

这幢坐北朝南的建筑，由前厅、大厅、正楼、后屋组成。前厅和大厅为三间二弄的二层楼房。饰车木栏杆，廊楼板端面有卷草纹雕饰。正楼为面阔三间一弄、进深五柱的高平屋，五脊马头山墙。后屋为三间一弄硬山式高平屋。踏过空荡荡的大厅，可见一个不宽敞却温馨的小院子。一株高大的乔木用繁茂的枝叶掩起了正楼的面貌。初秋时节，落叶会悄然铺满院子。

1937 年，日本全面侵华，1941 年，宁波沦陷，屠家在战火中无法居住，屠呦呦随父母被迫迁入姚宅，一直居住到 1951 年上大学。

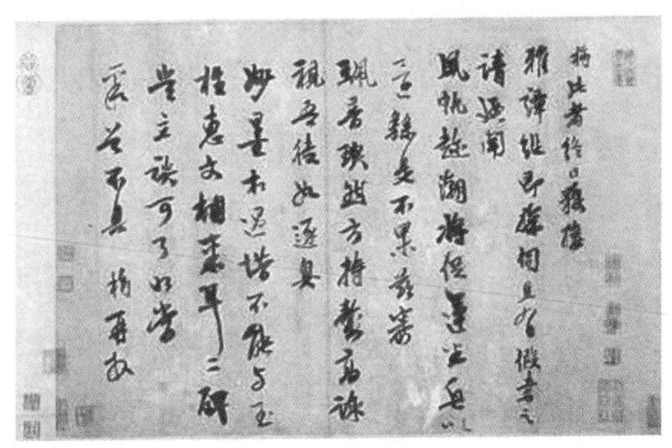

图为袁桷手书。袁桷，元代学官、书院山长，为元初文坛领袖

孙传哲，著名邮票设计大师

姚宅的邻居中，曾汇集大批名人故居，包括元代“甬上第一学士”袁桷、宁波帮巨子李镜第、一代邮票设计大师孙传哲……堪称文人荟萃、望族云集。

在屠呦呦之前，姚宅最出名的，是她的舅舅——著名经济学家姚庆三。

生于1911年的姚庆三，1929年毕业于复旦大学，随后留学法国，毕业于巴黎大学最高政治经济系。归国后，1931年起他开始任职于上海交通银行总管理处，投身于中国货币研究。1934年，姚庆三的专著《财政学原论》出版，这也是中国最早的财政学教科书之一。

1934年6月，美国通过购银法案，使国际银价上升，中国白银大量外流。对此，南京国民政府即使开征白银出口税，也未解决问题。这在当时的经济学界、金融界也爆发了一场有关白银问题与改革币制的大讨论。持不同观点的经济学家马寅初，与支持货币改革的姚庆三等学者展开了论战。

直至1935年11月，姚庆三等学者的观点得以采纳，法币改革开始，这是中国货币体系现代化过程中迈出的关键一步。

姚庆三与经济学大家凯恩斯也缘分颇深。可以说，将凯

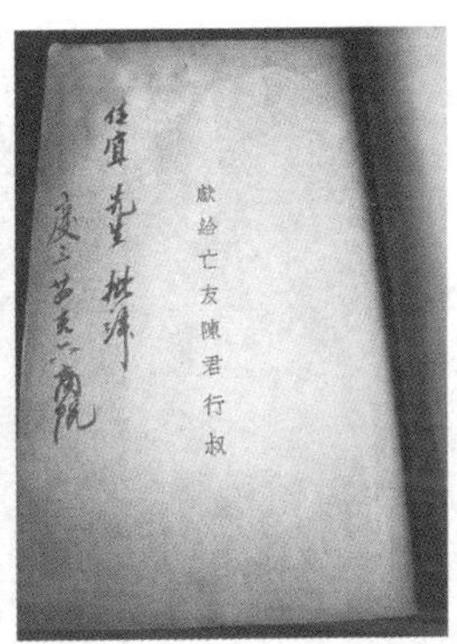

姚庆三所著《财政学原论》及其赠友人手书

恩斯学术思想引入中国，并留下中国第一批研究凯恩斯理论文献的人，正是姚庆三。

1953 年起，姚庆三开始在新华银行香港分行任职，并于 1979 年调任中国建设财务有限公司（香港）任职至 1985 年。这两家机构，皆为香港中银集团的前身之一，从 42 岁到 75 岁，姚庆三为祖国海外金融事业的繁荣贡献良多。同时，姚庆三也是屠呦呦父亲进入银行界的引领人。

这个出色的舅舅颇受呦呦敬仰，成为她一生的榜样。

家学渊源

与整个宁波重教之风相应，按照父母的安排，屠呦呦开始了求学之路。女孩也要去读书，这与屠家对子女教育一贯

屠呦呦的父亲屠濂规、母亲姚仲千

的重视密不可分。

1935 年，5 岁的屠呦呦被父母送入幼儿园，年后，进入宁波私立崇德小学初小，成为一名小学生。11 岁起就读于宁波私立鄮西小学高小，13 岁起就读于宁波私立器贞中学初中，15 岁起就读于宁波私立甬江女中初中。

长得还蛮清秀，戴眼镜，梳麻花辫，一个宁波小娘的样子，这是老辈的家乡人，对屠呦呦青葱岁月的印象。

屠呦呦的父亲屠濂规生于 1903 年，是年为清光绪二十九年，9 年之后，清王朝灭亡。因此，在已开风气之先的当地，作为宁波屠家第二十世的屠濂规，接受的教育一直颇为西化，从鄞县第一高等小学毕业后，又就读于效实中学。对于子女，屠濂规也给予了与自身教育经历相似的安排，屠呦呦的 3 个哥哥都接受了良好的教育，作为家中唯一的女孩，屠呦呦同样从小就开始接受了完整的教育。

只是，屠呦呦的学生生涯，从 1946 年始中断了两年多。这一年，16 岁的屠呦呦经受了一场灾难的考验——她不幸染上了肺结核，被迫终止了学业。此时，经历了战乱洗礼的屠家，生活已变得十分拮据。得了肺结核，对这个小女孩的考验可想而知。

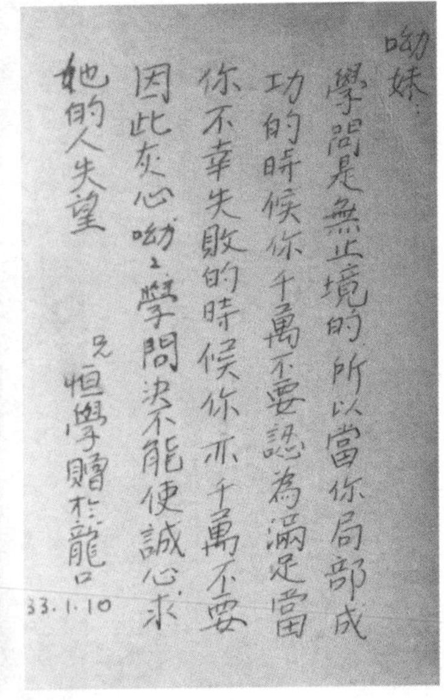

呦妹：
學問是無止境的所以當你局部成
功的時候你千萬不要認為滿足當
你不幸失敗的時候你亦千萬不要
因此灰心呦呦學問決不能使誠心求
她的人失望
兄 恒學贈於龍口
33.1.10

屠呦呦哥哥屠恒学赠给妹妹的照片。右为照片背后的赠语：“呦妹：学问是无止境的，所以当你局部成功的时候，你千万不要认为满足，当你不幸失败的时候，你亦千万不要因此灰心。呦呦，学问决不能使诚心求她的人失望。”是年屠呦呦 14 岁

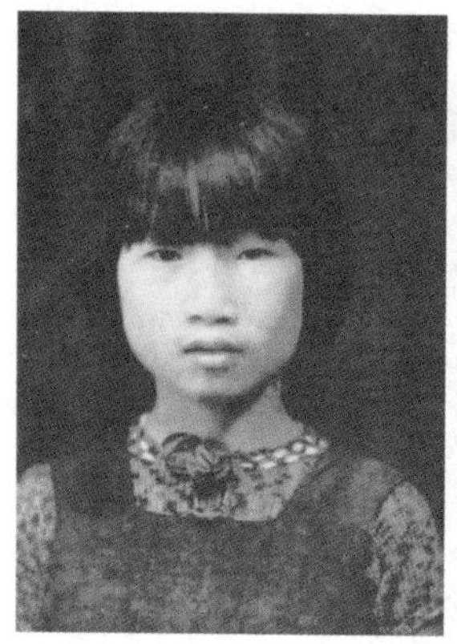

少年屠呦呦

屠呦呦母亲姚仲千，摄于 1929 年 5 月

所幸的是，经过两年多的治疗调理，屠呦呦得以好转并继续学业。这段患肺结核的经历，在屠呦呦看来，正是自己对医药学产生兴趣的起源。“医药的作用很神奇，我当时就想，如果我学会了，不仅可以让自己远离病痛，还可以救治更多人，何乐而不为呢？”

一代药学家的原始起点，就是来自于这种“治己救人”的朴素愿望。

家庭的熏陶，也让屠呦呦对医药渐生兴趣。父亲屠濂规是银行职员，平时则喜好读书。家中楼顶那个摆满古籍的小阁间，既是父亲的书房，也成为屠呦呦最爱的去处。父亲去看书时，屠呦呦也会坐在一旁，装模作样摆本书看。虽然看不太懂文字部分，但是中医药方面的书，大多配有插图，这让屠呦呦十分享受那段简单而快乐的读图岁月。

作为父母唯一的女儿，她备受疼爱，曾让许多同学羡慕不已的是：屠呦呦喜食香螺，在繁忙的求学生活中，妈妈总会亲手做好腌香螺，捎给自己心爱的女儿。

擅长生物的高中生

1948 年，休学两年病情好转后，18 岁的屠呦呦开始进入宁波私立效实中学高中就读，也与父亲屠濂规成为校友。

这是一所颇为传奇的学校。创立于 1912 年 2 月的效实中学，由中国早期物理学家何育杰以及叶秉良、陈训正、钱保杭等一批当时著名的科学家，联手宁波当地实业家李镜第共同创办。学校以“私力之经营，施实川之教育，为民治导先路”为宗旨，创校之初就提出了“教育之事，贵有适性，与人适意志，与地适风尚，与时适际遇”的教育理念。

学校办至 1917 年时，就已声名鹊起。名校上海复旦大学及圣约翰大学皆与效实中学订约，凡效实中学毕业生皆可免试，直接保送入学。

1948 年 2 月，当屠呦呦以同等学力的身份，进入效实中学读高中一年级时，学校从抗日战争的战火中走出还不到 3 年。在 1941 年 4 月宁波沦陷后，直至 1945 年 10 月 25 日，效实中学才得以复校，这一天，也成为后来的宁波效实中学

屠呦呦年表（1930—1951）

时 间	事 件
1930 年 12 月 30 日	出生于浙江省宁波市开明街 508 号
1936—1941 年	6—11 岁 就读于宁波私立崇德小学初小
1941 年	11 岁 沦陷后，迁入开明街 26 号姚宅
1941—1943 年	11—13 岁 就读于宁波私立鄮西小学高小
1943—1945 年	13—15 岁 就读于宁波私立器贞中学初中
1945—1946 年	15—16 岁 就读于宁波私立甬江女中初中
1948—1950 年	18—20 岁 就读于宁波私立效实中学高中，后来成为其丈夫的李廷钊也就读于效实中学
1950—1951 年	20—21 岁 就读于浙江省立宁波中学高中

效实中学中山厅

校庆纪念日。

这家以“忠信笃敬”为校训的中学，有着令人啧啧称奇的院士校友群体。迄今为止，这里已走出了15名中国科学院、中国工程院院士。与天津的南开中学，北京的四中、汇文中学颇为相似。

在1955年，就有3位从效实中学走出的科学家当选中国科学院院士——化学家纪育沣，1916年肄业于宁波效实中学旧制第三届；实验胚胎学家童第周，1922年毕业于宁波效实中学旧制第九届；土壤农业化学家李庆逵，1930年肄业于宁波效实中学高中部。1980年，又有5位曾经的效实学子——地球物理学家翁文波、土壤化学家朱祖祥、遗传育种学家鲍文奎、核物理学家戴传曾、医学家陈中伟，当

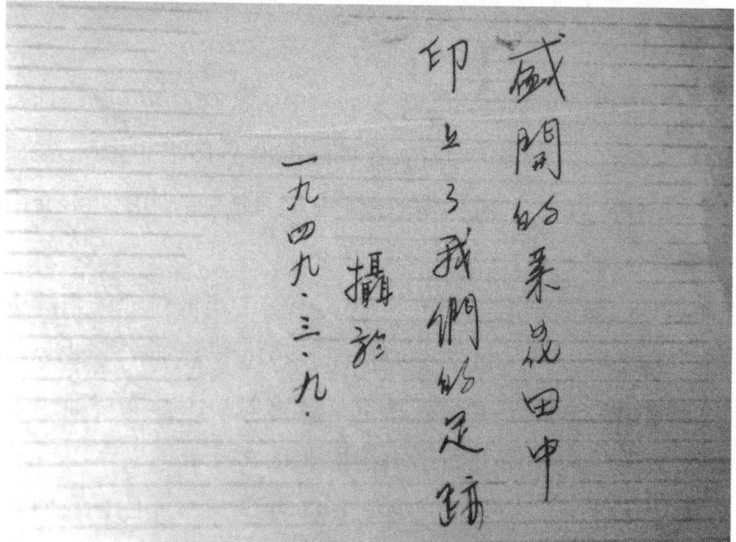

1949 年 3 月 9 日，屠呦呦与同学在野外合影留念。照片背后题语：“盛开的菜花田中印上了我们的足迹”

选为中国科学院院士。1995 年，则有 5 位当年的效实学子，包括材料科学家徐祖耀、电磁场与微波技术专家陈敬熊、核技术应用专家毛用泽、无机化工专家周光耀、核武器工程专家胡思得，分别当选中国科学院院士和中国工程院院士。1997 年，又有两位效实校友——电子信息系统工程专家童志鹏、土木结构工程和防护工程专家陈肇元，当选为中国工程院院士。

这 15 位“产”自效实的院士，也成为宁波作为“院士之乡”的最好注脚。

虽身在名校，高中阶段的屠呦呦，整体课业成绩并不算拔尖。当年，这位在效实中学的学号为 A342 的女生，高中学籍册和成绩单中清晰地列着——语文平均成绩 71.25 分；英语平均成绩 71.5 分；数学平均成绩 70 分；生物平均成绩 80.5 分；化学平均成绩 67.5 分。

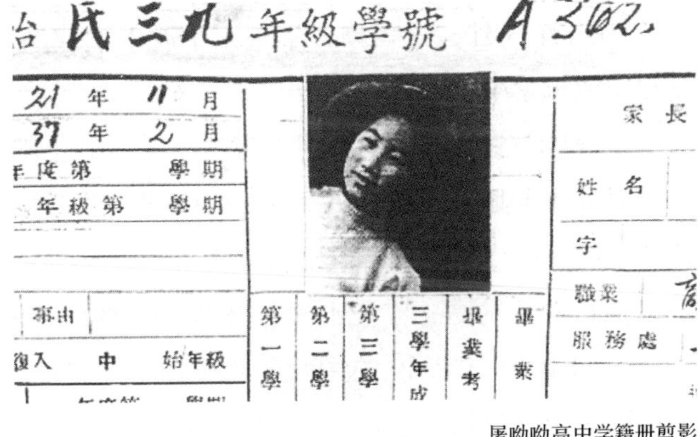
民三九年級學號

21 年 11 月
37 年 2 月
年度第 學期
年級第 學期
事由
復入 中 始年級
第一學
第二學
第三學
三學年成
畢業考
畢業
家長
姓名
字
職業
服務處

屠呦呦高中学籍册剪影

1950 年，读高中时的屠呦呦

生物成绩能如此突出，也源于屠呦呦对生物课的偏爱。每次生物老师在课堂上讲课，屠呦呦都听得津津有味。有一次，老师开玩笑似的说："如果其他同学都能像屠呦呦一样勤学好问，认真听讲，我即使再辛苦也开心！"

屠呦呦自己说，"那时的我很文静、很低调"。同学陈效中回忆："她很普通，衣服穿得也很朴素，不是特别引人注目，属于默默无闻型的。"

效实中学对于屠呦呦，除了学习，还有另一层渊源——她正是在这里和比她小一岁的李廷钊成为同班同学。当时在班中交流甚少的二人，未曾想到，多年之后会成为夫妻。

1950 年 3 月，屠呦呦转学进入宁波中学读高三，这是她在宁波求学生涯的最后一年。

屠呦呦就读于宁波中学时的班主任徐季子老师，曾给这名当时并不起眼的女学生写下鼓励的评语："不要只贪念生活的宁静，应该有面对暴风雨的勇气。"

值得关注的是，宁波中学与屠呦呦同期的 1951 届高中毕业生，同样人才辈出，包括北京大学原常务副校长王义遒、中科院院士石钟慈、著名学者兼出版家傅璇琮等人。

1951 年的夏天，已是高中毕业生的屠呦呦认定，自己的求学之路还将继续。考上大学，自然成为她的新目标。

考前填报志愿时，素来喜欢自己拿主意的屠呦呦大笔一挥，给自己报了北京大学医学院药学系。当时，国内开设药学系的大学尚寥寥无几，北大医学院药学系更是其中翘楚。但在并无医学家传的屠家，屠呦呦的选择显得颇有个性。其实，高中时身患肺结核后被治愈的经历，已让少年屠呦呦对医学心向往之。为何要学药？则是因为她觉得，用药正是治疗疾病的主要手段。

那时，新中国尚未迎来统一命题、统一考试、统一录取的高考时代，全国分为东北、华北、西北、华东、中南、西

屠呦呦（第一排左二）高中毕业照

南六区，由同一地区的高校进行联合招生。北大清华等名校皆属于华北区。

按照规定，作为浙江考生，有志北上求学的屠呦呦，需要离开已生活 20 多年的老家宁波，前往省会杭州参加考试。3 天时间里，尚未满 21 岁的屠呦呦在考点浙江大学校园里，完成了自己的高考征途。

当时，华北区高校的录取榜，会登载在《人民日报》《光明日报》等报纸上，于是，在等待发榜的日子里，没事儿就去翻翻这几份报纸，也成为屠呦呦那段时间的习惯。

当 1951 年的夏季即将到尾声时，屠呦呦接到了北京大学寄来的录取通知书，她即将启程，北上入京，开启自己在高等教育阶段的求学生涯。

在那个年代，身为女孩能够在接受完高中教育后继续读大学，屠呦呦觉得自己很“幸运”。也正是在那个热火朝天的社会主义建设初期，女性开始有机会“走出家门”，让聪明才智得到前所未有的释放。屠呦呦能够成为新中国首批女大学生中的一员，正印证了女性在国家建设和民族发展中具有不可替代的作用。

第二章 — 向医而行

北大求学

1951 年，是新中国诞生的第三年，屠呦呦考取了北京大学药学系，成为共和国的一代骄子。

50 年代的北京大学医学院，在这座千年古都中显得颇为洋气。设在北京市西城区西什库天主堂附近的校园，被包裹在当年的皇家建筑群之中，学子们每天抬头可见的，却是西方典型的哥特式建筑。如今，这里已是北京大学口腔医院第一门诊部的所在地。在校期间，屠呦呦和同窗们的实验室和宿舍，则设在附近的菜园胡同 13 号。

当年的同窗、北京卫生职业学院首批主任药师周仕锟回忆，他们这一班，按入学年份排序，称为药学第八班，全班七八十人。与屠呦呦同龄的周仕锟记得，他们在班上年龄相对较大，最小的同学比他们小 3 岁。

升入大四，各班分科，按照不同方向分为药物检验、药

1952 年佩戴北京大学校徽的屠呦呦

1954 年，读大学时的屠呦呦在天安门前留影

物化学和生药三个专业，这一班的学生中，选药物化学的最多，有 40 多人，选择生药的最少，只有 12 人，其中之一就是屠呦呦。

生药的英文为 crude drug，意指纯天然未经过加工或者简单加工后的植物类、动物类和矿物类中药材。

当年与屠呦呦选择同一专业的王慕邹，退休前为中国医学科学院药物研究所研究员。他说，当时生药专业毕业的学生，更多的去向是做研究，而药物化学专业更多与全国各大药厂相系。

1955 年 9 月，北京医学院药学系全体师生合影。最后一排左七为屠呦呦。参加合影的部分教师，第三排左起：第九位，林启寿（植物化学家，最突出的成就是在 20 世纪 70 年代编著了一本国内较高水平的、唯一较系统而完整的植物化学专著《中草药成分化学》）；第十位，楼之岑（生药学家，北京医学院药学系副主任，中国工程院医药与卫生工程学部首批院士、生药学国家重点学科首席学术带头人）；第十一位，蒋明谦（有机化学家，中国科学院学部委员、院士）；第十二位，薛愚（药物化学家，国立北京大学医学院药学系主任）；第十三位，王序（有机化学家，中国科学院院士，北京医学院药学系主任）

虽然专业已分，但是不同专业的课程基本都在一起上，只是各有侧重，对生药专业的屠呦呦而言，生药学课程就比其他专业课时多些，其主要内容就是学习各类原产中药材的分类、认识，以及通过显微镜切片等观察其内部组织等。

当时，开设生药学的是楼之岑教授，这位 1951 年刚刚回国的留英博士，也是生药专业唯一一位教授。后来，楼之岑曾任中国药学会理事长，也是中国现代生药学的开拓者之一。

当时药学系的其他主要专业课还有药物化学和植物化学。植物化学课由留美归来的林启寿教授开设，主要讲授如何从植物中提取分离有效成分，研究化学性质，鉴定化学结构，撰写化学鉴定方法以及对其进行研究等，包括提取有效成分时如何选择不同的萃取剂等。

生药学课的基础教育、植物化学课中的方法教育，此后都转化为了屠呦呦工作中的两个主要部分。

新中国成立初期，百废待兴，国家缺医少药，医药领域的人才严重匮乏，国家急需大量合格的医药人才，故此医学院成为广大青年报考的热门院校。其中，药学系的药物化学专业更是大家报考的热门。然而，年轻的屠呦呦却对一个冷门的专业——生药学感兴趣，她没有随大流，坚定地选择了生药学，并一生付诸实践。多年后，每每有人问及她是否后悔当年的选择时，她总是说这是她最明智的选择，不改初衷。

研究实习员的爱情

1955 年，经历 4 年的勤奋学习后，屠呦呦大学毕业了。

正在这一年，共和国百事待兴，中医研究院始筹建，直属于卫生部，也就是现在的中国中医科学院，一批名老中医从各地抽调奔赴北京，充实中医研究的专家力量。大学刚刚毕业的屠呦呦，洋溢着青春活力，被分配到中医研究院中药研究所工作。

工作初期，屠呦呦主要从事生药学研究。1956 年，全国掀起防治血吸虫病的高潮。她和自己的大学老师楼之岑共同完成了对有效药物半边莲的生药学研究，1958 年，这项

1955 年，屠呦呦被分配到卫生部中医研究院（现中国中医科学院）工作

20 世纪 50 年代，时为副教授的楼之岑指导在卫生部中医研究院中药研究所任研究实习员的屠呦呦研究中药

研究成果被人民卫生出版社出版的《中药鉴定参考资料》收录。此后，屠呦呦又完成了品种比较复杂的中药银柴胡的生药学研究，1959 年，这项成果被收入《中药志》。这两项研究，都属于她大学期间专业所学的范畴。

1957 年时的屠呦呦

与许多专注于科研的学者类似，生活上，屠呦呦是个实打实的“粗线条”，不太会照顾自己，一心扑在工作上。有一回，她的身份证明找不到了，让同事帮忙找找，打开她的箱子，发现里面东西放得乱七八糟，被大家戏称：“能收拾得那么不妥当，完全不像女生。”

1958 年，屠呦呦被授予卫生部机关青年社会主义建设积极份子

屠呦呦现在自己也说，要让身边的生活琐事变得井井有条，“我依然不灵光，成家后，买菜、买东西之类的事情，基本上都由我家老李做”。屠呦呦口中的“老李”，是她的丈夫李廷钊。

李廷钊 1931 年 9 月出生于宁波，与屠呦呦是同乡，两人还曾是效实中学的同学。1951 年，李廷钊从效实中学毕业后赴北京外国语学校学习外语。此时正值抗美援朝，他和班上的许多同学纷纷提出要到朝鲜战场。消息传到了周恩来总理处，周总理说：“不要去朝鲜战场，国家亟需大量优秀人才，你们应继续学习深造。”李廷钊因此未能到朝鲜，而是到了农大补习班学习。当时他最想报考的学校是北京工业学院和清华大学。1952 年，他如愿考入北京工业学院；在

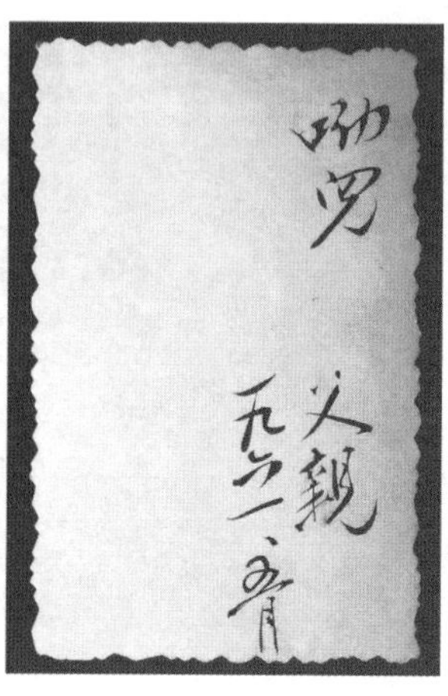

1961 年，父亲屠濂规题赠给屠呦呦的照片（正、背面）

校期间，他表现非常出色，担任了班长。1954 年至 1960 年，他被派到苏联列宁格勒工学院留学，获得硕士学位。归国后，李廷钊被分配到位于黑龙江齐齐哈尔的北满钢厂工作，后又在马鞍山钢铁厂（1961—1964 年）、北京钢铁研究院（1964—1976 年）和冶金部等单位工作。从钢铁实务、科研到管理，他的人生与钢铁结下了不解之缘。

在马鞍山钢铁厂期间，李廷钊有个姐姐恰好在北京工作。因为都是同乡，屠呦呦常会同李廷钊的姐姐会面；当李廷钊从马鞍山到北京看望姐姐时，也常会遇到老同学屠呦呦。姐姐看出他们间的意思，主动当起了红娘。一来二往，两颗年轻的心，渐渐走到了一起。

1963 年，他们在北京重逢两年后，正式走进了婚姻殿堂。

1962 年参加“中医研究院西医离职学习中医班”时的屠呦呦

屠呦呦与李廷钊年轻时合影

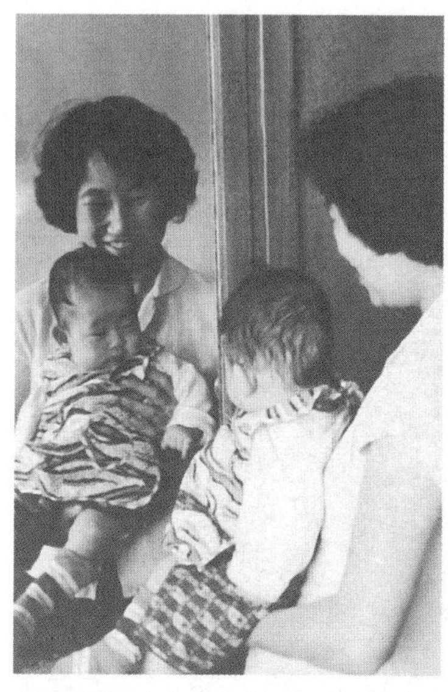

1965 年夏，屠呦呦初为人母，
图为屠呦呦与大女儿李敏

图为1974年春，屠呦呦的小女儿李军与外公屠濂规、外婆姚仲千的合影。为了“523”工作，屠呦呦将女儿放在宁波老家，托由父母照料

有朋友戏称，李廷钊与屠呦呦的结合，是传统（中药）与现代（钢铁）的融合。

大学同学王慕邹的妻子，也与屠呦呦熟识。她说，婚后屠呦呦不擅于做家务，家中大小事务基本由先生全包，“屠呦呦与一般女孩子的兴趣不一样，她是个心胸开阔的人，精力都用在工作上了”。

虽然在家中角色有所不同，但婚后屠呦呦两口子共同的主题，实际上只有两个字——奉献。

“交给你任务，当时对我们来说，就努力工作，把国家任务完成。只要有任务，孩子一扔，就走了。”说起往事，屠呦呦显得很淡定。那时，她被派去海南岛，丈夫李廷钊因

1996年时的全家福。从左到右为大女儿李敏、屠呦呦、李廷钊、小女儿李军

为在苏联学过冶金的背景已下放到五七干校，为了不影响工作，他们咬牙把不到4岁的大女儿送到了托儿所全托班，小女儿则一直在宁波老家由老人照顾。也正是由于长时间的骨肉分离，以至于“大女儿当时接回来的时候都不愿叫爸妈”。

小女儿李军记得，自己第一次对母亲有清晰印象，已是3岁多。

李军在宁波老家待了几年后，屠呦呦才有机会在繁忙的科研任务中，抽出一点时间去看看朝思暮想的小女儿。那天，在外公外婆家门前的小巷口，李军远远就瞧见一个人，拎着行李快步走来，张开着双手，嘴里不停地叫着自己：“小军、小军……”

李军却下意识地往后退了好几步，那一刻，小女孩的脑海中，已经没有“母亲”的记忆，她不知道，眼前这个风尘仆仆的女人，就是自己想象过无数次的母亲——屠呦呦。李军至今也纳闷，母亲那 时如何能认出自己。

三四年才能有一次的母女相会，一直持续多年。女儿李军也很长时间里无法理解，母亲怎么能为了科研、为了事业，就可以舍弃自己的家庭，连孩子也顾不上照顾？

每次都颇为“陌生”的母女相会，也让屠呦呦暗暗怀疑过自己当初的选择。多年过后，她依然会有些懊悔地说：“孩子长大后，甚至一度不想回到北京和我们一起生活。”

当初的选择，在现在看起来有些不近人情，对于如今家中摆满女儿和外孙女照片的屠呦呦和李廷钊而言，这是情非得已，是那个年代的人都理解的无奈选择。

自愿脱产学中医

1959 年，参加工作 4 年后，屠呦呦成为卫生部组织的“中医研究院西医离职学习中医班第三期”学员，开始系统地学习中医药知识。

对于屠呦呦而言，这也为她之后在中医药中寻得灵感，继而发现青蒿素埋下了伏笔。

在 20 世纪 50—60 年代的中国医药界，中医学习西医已形成风气。

1954 年，毛泽东高瞻远瞩向全国卫生系统发出“西医学习中医”的号召，主张中西医结合，其主旨是取中医和西医之长，创造一个既高于中医，又高于西医的新医学，为建设新中国服务。为此，毛泽东作出了全面而深刻的指示：“今后最重要的是首先要西医学中医。”并提出了一些具体的改进措施：要抽调 100 名至 200 名医科大学或医学院的毕业生交给有名的中医，去学他们的临床经验，而学习就应当抱着虚心的态度。西医学习中医是光荣的，因为经过学习、教育、提高，就可以把中西医界限取消，成为中国真正统一的医学，以贡献于世界。

对当时的中国医学界而言，“西医学习中医”的提法，并不似今天这么司空见惯。

20 世纪 50 年代的毛泽东

新中国成立前后，全国卫生形势非常严峻：疫病丛生，缺医少药，医疗卫生条件非常落后。当时全国西医仅有 2 万多人，中医虽有几十万人，但却不能正常发挥作用。

当时，中医药“有劲使不出”的原因在于，新中国成立初期公布的《中医师暂行条例》《中医师暂行条例施行细则》《医师、中医师、牙医师、药师考试暂行办法》等中医药管理文件，规定了一些脱离实际、颇为苛刻的办法。

如此导致的结果之一就是：1953 年，全国 92 个大中城市和 165 个县登记、审查合格的中医只有 1.4 万多人。山西省运城专区 18 个县，竟没有一名合格中医。天津市中医水平在当时是比较高的，但参加考试的 530 多个中医只有 55 个合格。江西省卫生厅 1950 年和 1951 年先后进行了两次全省中医师登记审查换发执照工作，总登记人数为 8728 人，而被承认为正式中医师的仅424人，审定为临时中医师的3648人，其余实际上被取消了行医资格。1950年曾将审查不合格的1355人通知由专署考试，由于没有充分考虑许多中医提出的“缓期考试”的要求，结果报考者仅727人，有327人没有通过，这更引起一些中医的不满。

此外，在具体卫生工作中，也出现了不少问题，如实行公费医疗制度没有认真考虑中医的作用，吃中药不报销，大医院不吸收中医参加工作；办中医进修学校主要讲授简单的西医诊疗技术，片面地鼓励中医改学西医；各高等医学院校，没有考虑讲授中医药课程；中华医学会不吸收中医会员；中药产供销无人管理；盲目取缔一些深受群众欢迎又确能治病的中成药。有人发表文章，公开声称中医是“封建医”，鼓吹随着封建社会的消灭，中医也应被消灭。

1956年8月24日，毛泽东接见参加第一届全国音乐周的代表，并同中国音乐家协会负责人谈话。这次谈话，毛泽东深刻地论述了“中国化”何以必要的道理，“中西医结合”则多次成为他进行阐述时的例子，他指出：“如果先学了西医，先学了解剖学、药物学等等，再来研究中医、中药，是可以快一点把中国的东西搞好的。”“要把根本道理讲清楚：基本原理，西洋的也要学。解剖刀一定要用中国式的，讲不通。就医学来说，要以西方的近代科学来研究中国的传统医学的规律，发展中国的新医学。”“你们是‘西医’，但是要中国化，要学到一套以后来研究中国的东西，把学的东西中国化。”“应该学习外国的长处，来整理中国的，创造出中国自己的、有独特的民族风格的东西。这样道理才能讲通，也才不会丧失民族信心。”

至此，毛泽东已逐渐清晰完整地表达了他关于“中西医结合”思想的思考：通过西医学习中医，中医学习现代科学技术，中西医学密切合作，应用现代科学技术继承和发扬祖国医学遗产，从而走出一条具有中国特色的新医药学发展之路。

1958年10月11日，卫生部党组向中央写了《关于西医学中医离职学习班的总结报告》。毛泽东作了“中国医药

1958年10月，毛泽东就卫生部向中央写的《关于西医学中医离职学习班的总结报告》所作出的重要批示

学是一个伟大的宝库，应当努力发掘，加以提高”的著名批示。这表明，毛泽东不仅把中医药看成是中国传统文化留给我们的一份珍贵遗产，而且特别强调要充分挖掘其现实价值。

从此，我国的中西医结合工作迅速起步。

就在毛泽东 1958 年 10 月 11 日关于中医药的重要批示中，他也特别提及：“我看如能在 1958 年每个省、市、自治区各办一个 70—80 人的西医离职学习班，以两年为期，则在 1960 年冬或 1961 年春，我们就有大约 2000 名这样的中西结合的高级医生，其中可能出几个高明的理论家。”

据 1960 年全国西学中经验交流会时统计的资料，全国西医离职学习中医班有 37 个，学员 2300 余人，在职学习中医的有 36000 余人。高、中级医药院校也大多开设了中医学课程，培养了一大批西学中人员。其中，大多数成为以后中医或中西医结合研究的技术骨干和学术带头人。

1959 年，屠呦呦便积极成为了“中医研究院西医离职学习中医班第三期”学员。在持续两年半的脱产学习中，她不但掌握了理论知识，而且参加过临床学习。

根据自己的专业，屠呦呦还深入药材公司，向老药工学习中药鉴别及中药炮制技术，并参加北京市的中药炮制经验总结，从而对药材的品种真伪和道地质量以及炮制技术有了感性认识。

中药炮制是中医用药的特点之一，是指按照中医药理论，根据药材自身性质以及调剂、制剂和临床应用的需要，

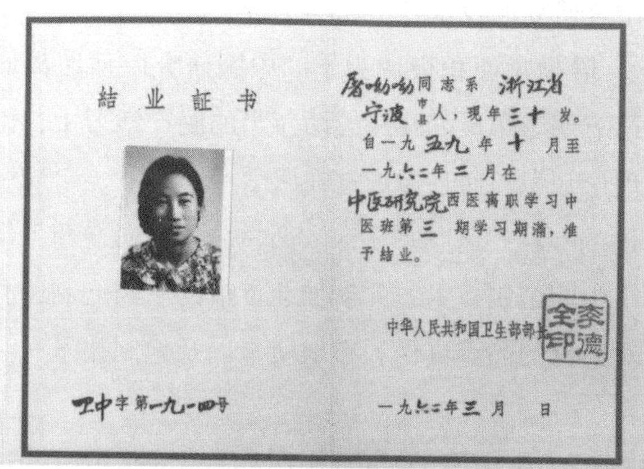

結业証书

屠呦呦同志系 浙江省 宁波市县人，现年三十岁。自一九五九年十月至一九六二年二月在中医研究院西医离职学习中医班第三期学习期满，准予结业。

中华人民共和国卫生部部长 李德全印

卫中字第一九一四号

一九六二年三月　日

屠呦呦脱产两年半参加卫生部组织的中医研究院西医离职学习中医班。上为 1962 年的结业证书

1960 年，中医研究院西医离职学习中医班第三届毕业同学留影。第二排左六为屠呦呦。前排右八为蒲辅周，当代杰出的中医临床家，曾为周恩来总理的保健医生。前排右十为杜自明，中医正骨专家，周恩来总理曾亲自到友谊医院向其遗体告别。前排左十为高合年，时任中医研究院副院长。前排左一为国医大师唐由之，曾经为毛泽东治疗眼疾。第四排右十为资深研究员高晓山，药性理论的先驱

所采用的一项独特的制药技术。中药必须经过炮制之后才能入药，即通过净制、切制、炮炙等手段，来实现降低或消除中药的毒性或副作用、改变或缓和药物的性质以及增强药物疗效的目的。

学习完成后，屠呦呦参加了卫生部下达的中药炮制研究工作，是《中药炮制经验集成》一书的主要编著者之一，该

书广泛收集了各省市的中药炮制经验，对有关文献进行了比较系统的整理。

正因为有这样的一次极具开创性的脱产培训，屠呦呦真正开始熟练掌握拥有能阅读中医和西医两种医学语言的能力，并能够了解各自的历史和理念差异，进而将传统医学经验性知识和现代生物医学最高水平联系在一起，成为了像当年毛泽东讲的“其中可能出几个高明的理论家”中的一员，为以后青蒿素研究打下了坚实的基础。

第三章　矢志寻蒿

神秘“523”

1969 年 1 月 21 日，屠呦呦迎来科研人生的重要转折。

这一天，屠呦呦了解到一个之前素未听闻的全国大协作项目——全国“523”任务。

“523”办公室负责人专程来到中医研究院，开诚布公地说：“中药抗疟已做了好多工作，到流行地调查，曾收集验秘方来试验，有的有一定效果但不满意，用法、制剂等方面也存在问题。方子拿了不少，很多是大复方，这么多药怎么办，哪个方子好，什么起主要作用，我们经验少，办法少，希望你们能参加此项任务。”

疟疾，中国民间俗称“打摆子”，在今天的中国已基本绝迹。多数人对它的认知来自反映战争年代或者更久远年代的影视、戏曲或文学作品。发起病来一会高烧焚身，一会如坠冰窟，颤抖不止……

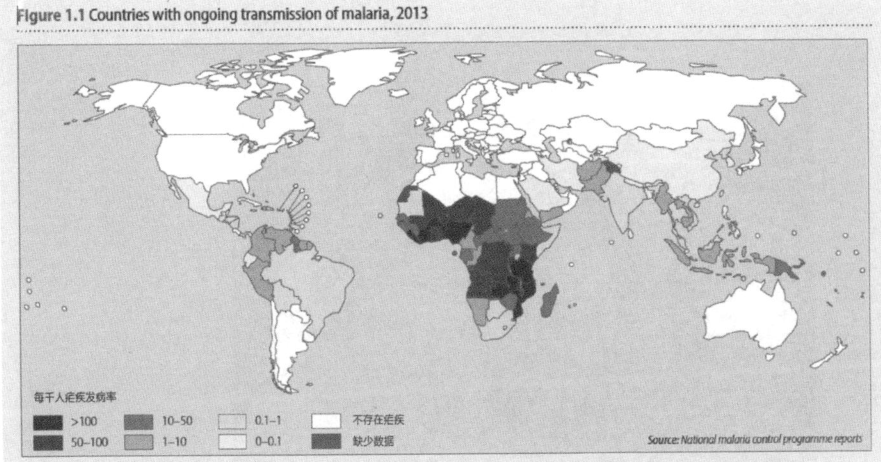

2013 年有疟疾传播的国家和地区

疟疾也是军队行动的无形杀手，在古今中外的战争史中，因疟疾流行造成部队严重减员，从而导致军事行动失败的战例，时有记载。

在人类与疟疾的战斗史中，起初最有效的治疟药物，来自金鸡纳树。19 世纪，法国化学家从金鸡纳树皮中分离出抗疟成分奎宁。随后，二战期间科学家又发明了奎宁替代物——氯喹。氯喹曾一度是抗击疟疾的特效药。

金鸡纳树

但是，引发疟疾的疟原虫在被克制了将近 200 年后，渐渐表现出了强大的抗

越南战争中受疟疾威胁的士兵

药性。特别是到了20世纪60年代，疟疾再次肆虐东南亚，疫情蔓延到无法控制的程度。

也就是在这一时期，美国发动了二战以后参战人数最多、影响最大的越南战争。随着战事升级，美越双方伤亡人数不断攀升。

很快，越南战场上却出现了比子弹、炸弹更可怕的“敌人”——抗药性恶性疟疾。美越两军苦战在亚洲热带雨林，疟疾像是第三方，疯狂袭击交战的双方。有关资料报道，在越南战争中，1964年，美军因疟疾造成的非战减员比战伤减员高出4—5倍。1965年驻越美军的疟疾发病率高达50%。据河内卫生局统计，越南人民军队1961—1968年伤病员比例，除1968年第一季度伤员多于病员外，其他时间都是病员远远超过伤员，病员中大多数是患疟疾。

越南地处热带，山岳纵横，丛林密布，气候炎热潮湿，蚊虫四季孳生，本就是疟疾终年流行的地区。而当时的抗疟药氯喹及其衍生药，对越南流行的疟疾已经基本无效了。

能否抵抗疟疾，甚至成了越南战场上美越双方的“胜负手”。

美国为解决这一难题，专门成立了疟疾委员会，大量增加研究经费，组织了几十个单位，参加抗疟研究任务。至1972年，美国华尔特里德陆军研究院，就已筛选了21.4万种化合物，但没有找到理想的新结构类型抗疟药。

越共主席胡志明亲自到同属社会主义阵营且紧密相邻的中国，向毛泽东提出支援抗疟疾药物和方法的请求。

在革命战争时期曾感染过疟疾、深知其害的毛泽东回答说：解决你们的问题，也是解决我们的问题。

应越共的请求，毛泽东、周恩来指示，有关部门要把解决热带地区部队受疟疾侵害，严重影响部队战斗力，影响军事行动的问题作为一项紧急援外、战备任务立项。因此，研制新型抗疟药就成为当时中国军队医药科技工作者的一项重要的政治任务，1964年起，军内开展了抗疟药的研究。1966年，军事医学科学院微生物流行病研究所和毒理药理研究所的专家们就进行了应急预防处方的研究，设计了防疟1号、2号片，使预防时间从1周延长到10天至2周。

鉴于提供防治恶性疟疾药物的紧迫性和艰巨性，只靠军

1965年，毛泽东在长沙接见越共主席胡志明

队的科研力量在短期内完成这项任务的难度是非常大的，只有组织国内更多的科研力量，军民大协作才有可能更好地完成这一紧急援外战备任务。因此，针对热带抗药性恶性疟疾防治要求，中国人民解放军军事医学科学院起草了三年研究规划草案，经过酝酿讨论和领导审定，由中国人民解放军总后勤部商请国家科委，会同国家卫生部、化工部、国防科工委和中国科学院、医药工业总公司，组织所属的科研、医疗、教学、制药等单位，在统一计划下分工合作，共同承担此项任务。

国家科委和中国人民解放军总后勤部于1967年5月23

日在北京召开了有关部委、军队总部直属和有关省、市、区、军队领导及所属单位参加的“疟疾防治药物研究工作协作会议”，会议讨论确定了三年研究规划。

由此，拉开了抗疟新药研究的序幕。

由于当时这是一项援外战备紧急军工项目，为了保密，就以 5 月 23 日开会日期为代号称为“523”任务。

屠呦呦获得诺贝尔奖之后，几乎一夜之间，“523”这个代号也迅速进入公众的视野。很多人把“523”与青蒿素的研究画上等号。其实，“523”任务作为一项巨大的秘密科研工程，涵盖了疟疾防控的所有领域，不单单只有青蒿素研究。而且，这一科研工程的开展涉及全国诸多省市和行业。

新中国成立后，我国的疟疾防治工作前后经历四个阶段。50 年代属于第一阶段：重点调查及降低发病率阶段；60 年代和 70 年代属于第二阶段：控制流行阶段；80 年代和 90 年代属于第三阶段：消除疟疾阶段；2000 年之后进入了第四个阶段：巩固消除疟疾成果阶段。

“523”任务处于 20 世纪六七十年代，即第二个阶段之中。“523”任务绝非仅为了“抗美援越”。20 世纪 50 年代，国家陆续出台《少数民族地区疟疾防治工作方案》和《疟疾防治规划》等多份规划方案，组织卫生工作队、防疫队、医疗队进入高疟区，抢救疟疾患者，进行预防工作；设立疟疾防治所，进行疟疾防治科研和培训技术骨干等工作；同时举办疟疾训练班，培养专业技术队伍。一系列工作之下，我国

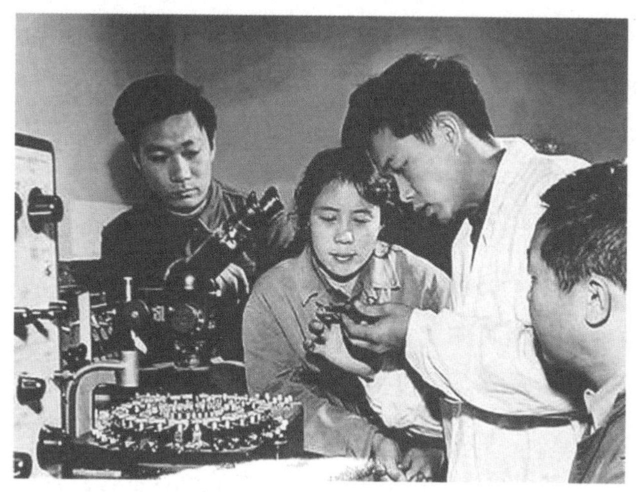

“523”科研组人员在开展研究工作

的疟疾防控工作开始得到了系统的管理，疟疾发病率一度由1955年的102.8/万下降到1958年的21.6/万。

但是，由于政治、经济以及自然因素的关系，20世纪60年代初和70年代初我国又大范围暴发疟疾，全国发病人数多达1000万至2000万，1960年和1970年全国平均发病率分别高达155.4/万和296.1/万，其中1970年是新中国成立后疟疾发病率最高的一年。

毛泽东所言的“解决你们的问题，也是解决我们的问题”，现在看来，这句话含义深刻。在那个时期，疟疾问题已属于“内忧外患”，到了非解决不可的地步。

“523”项目的任务十分明确，就是通过军民合作开发防治疟疾药物，同时对所开发防治药物的要求是高效、速效，预防药物要长效。

自此，先后有 7 个省市全面开展了抗疟药物的调研普查和筛选研究。至 1969 年筛选的化合物和包括青蒿在内的中草药有万余种，但未能取得理想的结果。

出任课题组组长

接到参与“523”任务的要求，中医研究院也有些犯难。

作为“文化大革命”的重灾区，当时的中医研究院，科研工作几近全面停顿，许多经验丰富的老专家已“靠边站”。

“523”的重担能交给谁？谁可以接？

39 岁的屠呦呦！虽然职称尚是研究实习员，但来到中药所已 14 年的她，兼具中西医背景，正致力于研究从植物中提取有效化学成分，已经步入中药所研究第二梯队。

以当时中药所的现状，屠呦呦正是最合适的人选。自 20 多岁便与屠呦呦共事的中国中医科学院中药所原所长姜廷良说，将重任委以屠呦呦，在于她扎实的中西医知识和被同事公认的科研能力水平。

1969 年 1 月起，中医研究院中药所内，多了个大量翻阅历代医籍、认真走访老中医，甚至连一封封群众来信都一定要打开看看的忙碌身影。

这就是 39 岁的屠呦呦，在被任命为课题组组长后，她

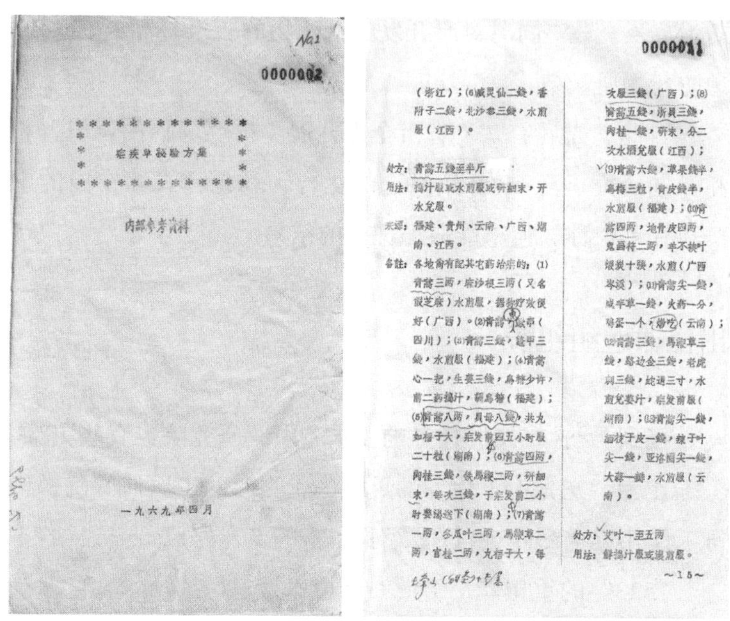
No.1
0000002
疟疾单秘验方集
内部参考资料
一九六九年四月

0000011

（浙江）；(6)威灵仙二錢，香附子二錢，北沙参三錢，水煎服（江西）。

处方：青蒿五錢至半斤

用法：捣汁服或水煎服或研細末，开水兑服。

来源：福建、贵州、云南、广西、湖南、江西。

备註：各地尚有配其它药治疟的：(1)青蒿三两，麻沙根三两（又名假芝麻）水煎服，据称疗效很好（广西）。(2)青蒿，鉄串（四川）；(3)青蒿三錢，鳖甲三錢，水煎服（福建）；(4)青蒿心一把，生姜三錢，烏糖少许，前二药捣汁，調烏糖（福建）；(5)青蒿八两，貝母八錢，共丸如梧子大，疟发前四五小时服二十粒（湖南）；(6)青蒿四两，肉桂三錢，鉄馬鞭二两，研細末，每次三錢，于疟发前二小时姜湯送下（湖南）；(7)青蒿一两，冬瓜叶三两，馬鞭草二两，官桂二两，丸梧子大，每次服三錢（广西）；(8)青蒿五錢，浙貝三錢，肉桂一錢，研末，分二次水酒兑服（江西）；(9)青蒿六錢，草果錢半，烏梅三粒，青皮錢半，水煎服（福建）；(10)青蒿四两，地骨皮四两，鬼画符二两，半不拔叶嫩尖十張，水煎（广西岑溪）；(11)青蒿尖一錢，咸半草一錢，火药一分，鸡蛋一个，炒吃（云南）；(12)青蒿三錢，馬鞭草三錢，路边金三錢，老虎刺三錢，蛇退三寸，水煎兑姜汁，疟发前服（湖南）；(13)青蒿尖一錢，黄枝子皮一錢，辣子叶尖一錢，亚洛圈尖一錢，大蒜一瓣，水煎服（云南）。

处方：艾叶一至五两

用法：鲜捣汁服或干煎服。

～15～

1969年4月，《疟疾单秘验方集》封面与其中有关青蒿的内容

正式走上抗疟之路。

当时，谁也没有料到，这会是“523”任务取得重大进展的开始。

说是课题组，在最初的阶段，屠呦呦只是“光杆司令”，只有她一个人孤独地踏上了寻药之路。

先从本草研究入手，屠呦呦开始广泛收集、整理历代医籍，查阅群众献方，请教老中医专家。仅用3个月的时间，她就收集了包括内服、外用，植物、动物、矿物药在内的

2000多个方药，在此基础上精选编辑了包含640个方药的《疟疾单秘验方集》，于1969年4月送交“523”办公室，并开始转送相关单位参考。

这其中，其实就包括后来提取出青蒿素的青蒿。

不过，在第一轮的药物筛选和实验中，青蒿并没有成为屠呦呦重点关注的对象。当时，配伍解决常山碱致呕吐的副作用问题，才是屠呦呦工作的重点。她选取一些有止呕功效的中药配伍常山碱，在鸽子及猫的呕吐模型上进行药理实验。但是，最好的组合也只是对鸽子的呕吐模型较为有效，对猫呕吐模型基本无效。

1969年5月起，她开始制备中药水提物、乙醇提物送军事医学科学院进行抗疟药筛选，至6月底送样品50余个。其中，发现胡椒提取物对鼠疟模型疟原虫抑制率达84%，这是一个很让人兴奋的数据。但此后的深入研究，却事与愿违。屠呦呦发现，胡椒只能改善症状，灭虫效果却非常不理想。

1969年7月，时值“523”任务下海南疟区现场季节。“523”办公室要求中药所去3人，并提出，在上半年筛选样品中，对鼠疟抑制率较高的胡椒及辣椒加明矾，要带下去做临床疗效观察。

此时，中药所派屠呦呦等3人前往海南。在海南疟疾疫区的临床验证发现，尽管胡椒和辣椒加明矾的多种制备样品对鼠疟抑制率达80%以上，但对疟疾病人只能改善症状，并不能使患者的疟原虫转阴。

1969 年，屠呦呦在海南昌江疟区时留影

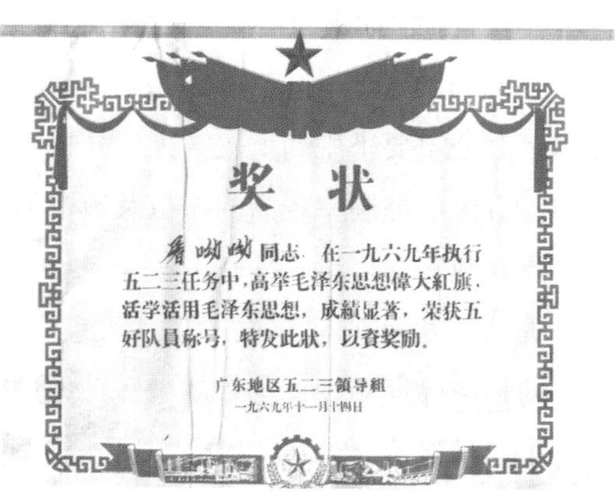

奖 状

屠呦呦同志 在一九六九年执行五二三任务中，高举毛泽东思想偉大紅旗，活学活用毛泽东思想，成績显著，荣获五好队员称号，特发此狀，以資奖励。

广东地区五二三领导組

一九六九年十一月十四日

1969 年，屠呦呦在执行“523”任务中荣获“五好队员”称号任务结束后，屠呦呦被广东省“523”办公室授予“五好队员”称号。

1970年，课题组的主要精力还是开展对胡椒的深入研究，2—9月，先后送中国军事医学科学院测试胡椒等各种提取物和混合物样品120余个。经效价测定，发现胡椒经分离纯化后，不能提高效价；调节成分比例，虽能提高效价，但远不如氯喹。

1971年广州会议上，“523”中医中药工作只能上、不能下的目标被再次明确。由此，屠呦呦课题组被充实到4人，“屠组长”的麾下，才算真正有了3个团队成员。

直至1971年9月初，筛选了100余种中药的水提物和醇提物样品200余个。他们期盼着能有所收获，但结果令人失望——

筛选过的中药里，对疟原虫的抑制率最高的也只有40%左右。

难道史书上记载不可信？

难道实验方案不合理？

难道在中医药这个宝库中就发掘不出宝来？

一个氯喹不可超越，一个常山已到了尽头，真的就无路可走了吗？

第 191 号样品

“重新埋下头去，看医书！”屠呦呦的执拗和坚持带动着大家。从《神农本草经》到《圣济总录》再到《温病条辨》……厚厚的一摞医书被翻得书角微卷。

很长一段时间，青蒿这种不起眼的菊科植物，都不是最受关注的药物，直到有一天，屠呦呦决定：用沸点只有34.6℃的乙醚代替水或酒精来提取青蒿。

这抓住了问题的关键——温度正是青蒿素提取的关键。

青蒿在中国的应用已有 2000 多年的历史。关于青蒿入药，最早见于马王堆三号汉墓的帛书《五十二病方》，其后的《神农本草经》等典籍都有记载。青蒿治疗疟疾则始于公元 340 年间的东晋葛洪所著的《肘后备急方》，之后宋《圣济总录》、元《丹溪心法》、明《普济方》等著作均有“青蒿汤”“青蒿丸”“青蒿散”截疟的记载。明李时珍在《本草纲目》除收录了前人的经验外，还载有治疗疟疾寒热的实践，清《本草备要》《温病条辨》，以及民间也有青蒿治疗疟疾的应用。

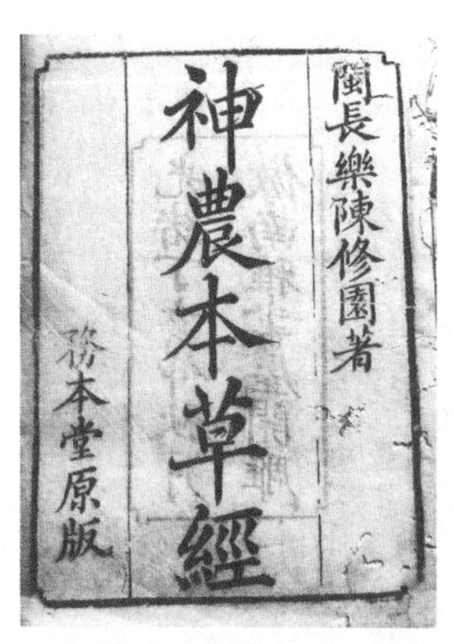
閩長樂陳修園著
神農本草經
務本堂原版

现存最早的中药学著作《神农本草经》中有青蒿治病的记载

在反复研读文献过程中，

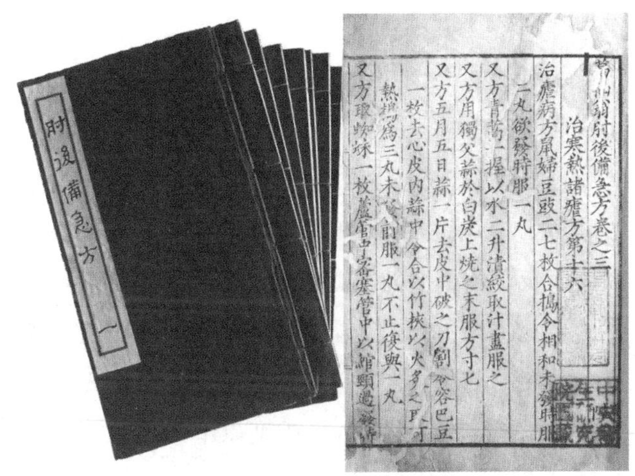

青蒿治疗疟疾始于东晋葛洪《肘后备急方》

《肘后备急方》关于青蒿的描述给了屠呦呦新的启迪。

在各种传说中，这个场景往往被描述为：在某一天的凌晨或者深夜，阅读葛洪的《肘后备急方》时，屠呦呦被灵感击中——那本古方上说：“青蒿一握，以水二升渍，绞取汁，尽服之。”

然而，真实的实验却是繁复而冗杂的。在屠呦呦 2009 年出版的专著《青蒿及青蒿素类药物》中，她提到了当时的一系列实验。

书中还特别提示：分离得到的青蒿素单体，虽经加水煮沸半小时，其抗疟药效稳定不变，“可知只是在粗提取时，当生药中某些物质共存时，温度升高才会破坏青蒿素的抗疟作用”。

为什么古人用“绞汁”？既往的提取研究，一般中药常用水煎煮或者用乙醇提取，但结果都不好，难道青蒿中的有效成分忌高温或酶的影响？再有青蒿在什么情况下才能绞出“汁”来，只有嫩的枝叶才会绞出汁来，这是否还涉及药用部分以及采收季节的问题？

经过周密的思考，屠呦呦重新设计了研究方案。对一些重点关注的药物，还设计了多个方案。如青蒿就设计了用低温提取，控制温度在60摄氏度以下；用水、醇、乙醚等多

中药青蒿来源于菊科植物黄花蒿（Artemisia annua L.），下图为黄花蒿

种溶剂分别提取；将茎秆与叶子分开提取等。

课题组从1971年9月起，启用新方案，对既往曾筛选过的重点药物及几十种新选入的药物，夜以继日地筛选研究。

又是多少个不眠之夜，终于证实青蒿乙醚提取物效果最好！曙光初现，经历了上百次失败的团队再度振奋起来。

提取物中的酸性部分具较强毒性又无效，而保留下来的中性部分才是抗疟药效集中的有效部分。在一个个不眠之夜后，这个关键的新发现，让屠呦呦感到一丝兴奋。

课题组成员钟裕蓉记得，当时她的家就在研究所里，步行2分钟就能到达实验室，即使是每天晚饭过后，她也要回到实验室里，和大家一起忙碌到晚上九十点钟。

1971年10月初，屠呦呦带领课题组正在实验室紧张忙碌着。这是在190次的失败后，大家再一次严格按照流程进行着筛选。

10月4日，一双双眼睛，都紧张地盯着191号青蒿乙醚中性提取物样品抗疟实验的最后结果。

对疟原虫的抑制率达到了100%！

随着检测结果的揭晓，整个实验室都沸腾了。

那是一种黑色、膏状的提取物，离最终的青蒿素晶体尚有一段距离，但确定无疑的是：打开最后宝藏的钥匙找到了。

以身试药

要深入临床研究，就必须先制备大量的青蒿乙醚提取物，进行临床前的毒性试验和制备临床观察用药。

短时间内提取大量的青蒿提取物，困难重重。“文化大革命”期间业务工作都停了，根本没有药厂可配合。

回忆那段攻坚期，屠呦呦丈夫李廷钊很心疼妻子：“那时候，她脑子里只有青蒿，回家满身都是酒精、乙醚等有机溶剂味，还得了中毒性肝炎。”

屠呦呦的肝炎是来自乙醚等有机溶媒的毒害。钟裕蓉回忆，当时为了争取时间，课题组“土法上马”，用七个大水缸代实验室常规提取容器，中药所又增派人员，开始大量提取青蒿乙醚提取物。

“乙醚等有机溶媒对身体有危害，当时设备设施都比较简陋，没有通风系统，更没有实验防护，大家顶多戴个纱布口罩。”姜廷良说。

日复一日，科研人员除了头晕眼胀，还出现鼻子出血、皮肤过敏等反应。

乙醚中性提取物有了，但在进行临床前试验时，却出现了问题，在个别动物的病理切片中，发现了疑似的毒副作用。

经过几次动物试验，疑似问题仍然未能定论。是动物本身就存在问题？还是药物所致？实验室内，各方开始了激烈的讨论：从课题组角度看，青蒿在古籍记载中毒性不强，动

屠呦呦　倪慕云　钟裕蓉

崔淑莲　郎林福　刘菊福

青蒿素发现时期研究团队部分重要成员

物实验也做过一些，应该问题不大；但搞毒理、药理的同事坚持认为，只有确证安全性后才能用于临床。

“我当时心里很着急，因为疟疾这种传染病有季节性，实在不想错过当年的临床观察季节，否则就要再等上一年。”屠呦呦说。

为了让 191 号青蒿乙醚中性提取物尽快应用于临床试验，综合分析青蒿古代的用法并结合动物实验的结果，屠呦呦向领导提交了志愿试药报告。

“我是组长，我有责任第一个试药！”当年，屠呦呦的表态令很多人惊叹：这位戴着眼镜、斯斯文文的江南女子竟然有这样的胆识和气魄。

“在当时环境下做这样的工作一定极其艰难，科学家用自己来做实验，这是一种献身精神。”清华大学副校长施一公说。

“那个年代，尤其需要这样的精神。”姜廷良回忆。

屠呦呦的试药志愿获得了课题组同事的响应。1972 年 7 月，屠呦呦等 3 名科研人员一起住进了北京东直门医院，成为首批人体试毒的“小白鼠”。他们在医院严密监控下进行了一周的试药观察，未发现该提取物对人体有明显毒副作用。为了充分验证醚中干提取物的安全性，科研团队又在中药所内补充 5 例增大剂量的人体试服，结果受试者均情况良好。

1972 年 8—10 月，屠呦呦亲自携药赶赴海南昌江疟区，克服高温酷暑，跋山涉水，抢时间找病人。

钟裕蓉与同在中药研究所工作的丈夫严述常及孩子在一起。严述常积极响应屠呦呦关于志愿试药的动议，第二批参与了人体试服

初次临床，必须慎而又慎，用药剂量从小到大逐步增加。屠呦呦根据自身试服经验，分为3个剂量组。病人选择，从免疫力较强的本地人再到缺少免疫力的外来人口；疟疾病种，从间日疟到恶性疟。屠呦呦亲自给病人喂药，以确保用药剂量，并守在床边观察病情，测体温，详细了解血片检查后的疟原虫数量变化等情况。

最终，在海南，屠呦呦完成了21例临床抗疟疗效观察任务，包括间日疟11例，恶性疟9例，混合感染1例。临床结果令人满意，间日疟平均退热时间19小时，恶性疟平均退热时间 36 小时，疟原虫全部转阴。

这一年，还同时在北京 302 医院验证了 9 例，亦均有效。

发现青蒿素

阶段性胜利，没有让屠呦呦放慢脚步。很快，大家开始进行对青蒿乙醚提取物中有效成分的纯化与分离工作。

由于北京产的青蒿中青蒿素含量只有万分之几，这样客观上就增加了发现青蒿素的难度。采收季节和纯化工艺的影响，也成为屠呦呦寻蒿之旅的拦路虎。

1972 年 4 月 26 日到 6 月 26 日，课题组先后得到少量颗粒状、片状或针状结晶。每一次发现分离提取的成果变化，实验室都会爆发出欢呼和掌声。

为了早日得到抗疟有效的单体结晶，每个人都在努力寻找，竭尽所能。

屠呦呦去海南临床验证醚中干临床疗效期间，由倪慕云主持课题组北京的具体工作，在聚酰胺纯化样品的基础上，1972 年 9 月 25 日、9 月 29 日、10 月 25 日、10 月 30 日、11 月 8 日课题组相继分离得到多个结晶。

刚刚从海南疫区返回北京的屠呦呦，也迅速投入到化学研究工作中，和课题组讨论、比较分析了已得的化学单体。通过显色反应、板层析 R_f 值等鉴别异同，整合所分得的成分，并开始在鼠疟上评价药效。

自1971年7月以来，我们筛选了中草药单、复方等一百多种，发现青蒿（黄花蒿 Artemisia annua L. 系菊科植物，按中医认为此药主治骨蒸烦热，但在唐、宋、元、明医籍、本草及民间都曾提到有治疟作用的乙醚提取物对鼠疟模型有95%～100%的抑制效价。以后进一步提取，去除其中无效而毒性又比较集中的酸性部分，得到有效的中性部分。12月下旬，在鼠疟模型基础上，又用乙醚提取物与中性部分分别进行了猴疟实验，结果与鼠疟相同。

～1～

通过多方面的分析，我们挑选一部分药物，进一步复筛。复筛时参考民间用药经验，改进提取方法并增設多剂量组，探索药物剂量与效价的关系。经过反复实践，终於使青蒿的动物效价，由30～40%提高到95%以上。青蒿的水煎剂是无效的，95%乙醇提取物的效价也不好，只有30～40%左右。后来从本草及民间"绞汁"服用中得到启发，使我们考虑到有效成分可能在亲脂部分，于是改用乙醚提取。这样动物效价才有了显著的提高。经过比较，发现乙醇提取物虽然也含有乙醚提取的物质，但是杂质多了$\frac{2}{3}$左右，这就大大影响了有效成分充分显示应有的效价。另外药物的采收季节对效价也是有影响的。在这点上我们走过一点弯路。开始我们只注意品种问题，了解到北京市售青蒿都是北京近郊产的黄花蒿，不

～5～

在1972年南京会议上，中医研究院疟疾防治小组提交的报告部分内容

12 月初的鼠疟试验发现，钟裕蓉从 11 月 8 日分离得到的晶体有显效，小鼠口饲 50 毫克每公斤体重可使疟原虫转阴。后来，11 月 8 日成为课题组认定的青蒿素诞生之日。

这是首次以药效证实，从青蒿中获得的单一化合物，具有抗疟活性。

1973 年新年刚过，屠呦呦发现青蒿抗疟奥秘的消息传出后，中药所就不断接到各地来信和来访。屠呦呦都亲自回信、寄资料、热情接待来访者，毫无保留地介绍青蒿、青蒿提取物及其化学研究进展情况。很快，云南和山东等数个研究小组借鉴了她的方法，对青蒿进行研究。

第四章 —— 中国神药

首次出师不利

实验室大量提取的流程修改完善后，屠呦呦和课题组的同志们开始了新一轮的奋斗。实验室的条件虽然简陋，但课题组干劲十足。从 1973 年初到 1973 年 5 月，已拿到青蒿素纯品 100 余克。屠呦呦将其分成几部分：一部分用于青蒿素的化学研究；一部分用于临床前的安全性试验；一部分制备临床观察用药；少部分留做备用。

1973 年第二季度，进行了青蒿素的一系列安全性试验研究：青蒿素试验剂量无论大或小，对猫的血压、心率、心律和心电均无明显影响；三批次犬的毒性试验，除个别犬出现流涎、呕吐和腹泻外，其他各项指标均正常，未发现明显毒副作用。

为了慎重起见，这次也同样做了健康人的人体试验。在制定了详细人体试服计划后，于 1973 年 7 月 21 日至 8 月

10日，四名科研人员参加了试服，结果未见明显毒副作用。

青蒿素的动物及人体的安全性试验已经通过，意味着新一代抗疟药即将诞生。大家都对临床验证翘首以望。然而，青蒿素的临床验证却是一波三折。

青蒿素片剂被送到海南现场后，由已经在那里工作的针灸所的医生负责临床观察。

1973年8月10日至10月15日，用青蒿素治疗外来人口疟疾8例。实际是分两个阶段完成的。

9月22日前，观察了青蒿素治疗外来人口恶性疟疾5例，结果仅1例有效，2例血中疟原虫数量有所降低，因患者心律有期前收缩而停药，2例无效。效果不够理想。

青蒿素的首次临床观察出师不利。

消息经电话传回北京，大家都十分意外，一连串的疑问困扰着屠呦呦和她的团队。大家开始查找原因。青蒿素纯度没问题，动物实验的数据没问题，问题难道出在剂型上吗？随即，请在海南做临床试验的人员把片剂寄回北京。当检查剩余的药片时，大家感觉药片很硬，用乳钵都难以将片子碾碎，发现原来是崩解度出了问题，影响了药物的吸收。

屠呦呦决定，用青蒿素单体原粉直接装胶囊。赶在海南疟区现场观察季节结束前抓紧验证，以明确青蒿素是否有临床疗效。

于是，屠呦呦亲自动手，将该青蒿素装入胶囊，时任中药所副所长章国镇身负重任，携青蒿素胶囊赴海南，9月29

日抵达疫区现场，观察了 3 例外来人口间日疟，服药总剂量 3—3.5 克。结果表明，药后平均 31 小时内体温复常，18.5 小时血疟原虫转阴，全部有效，未见明显副作用。但因海南疟区现场观察季节结束，未能继续验证。这是青蒿素的首次临床试用，说明屠呦呦课题组所得到的青蒿素就是青蒿的抗疟有效成分。

当年向“523”办公室汇报青蒿素首次临床观察的结果的报告，却没有反映出 8 例病人用的是两种剂型，更没有说明 8 个病例是分两个阶段完成的。难怪以后有人对此报告作出错误解读，这实际上是个误解。

在青蒿素的首次临床验证中，挫折与成功交织在一起。青蒿素胶囊剂治疗的 3 个病例说明，青蒿素的临床疗效与实验室疗效一致。

关于青蒿素的名称问题，由于参与工作的人员较多，当

二、1973年青蒿素II疗效观察8例。

1973年9～10月在海南岛昌江地区对外来人口间日疟及恶性疟共八例进行了临床观察。其中外来人口间日疟3例，胶囊总剂量3～3.5克，平均原虫转阴时间为18.5小时，平均退热时间为30小时，复查三周，2例治愈，1例复发（18天原虫出现）。外来人口恶性疟5例，1例有效（原虫七万以上，片剂用药剂量4.5克，37小时退热，65小时原虫转阴，第六天后原虫再现），2例因心脏出现期前收缩而停药（其中一例首次发病，原虫三万以上，服药3克后32小时退热，停药一天后原虫再现，体温再升高），2例无效。

三、1975年青蒿粗制剂、青蒿素II、青蒿素II加复方观加针剂疗效观察205例。

(一)青蒿粗制剂对间日疟疗效观察103例。

上海有机所藏《青蒿研究工作座谈会资料（1975 年 11 月）》记载的“1973 年青蒿素 II 疗效观察 8 例”内容

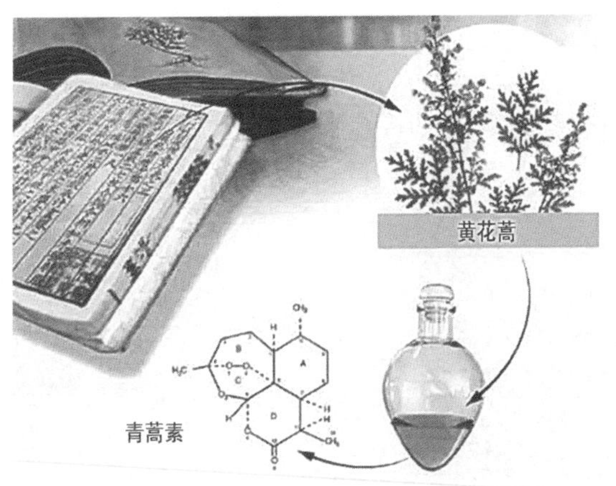

青蒿素发现过程示意图

时中药所内部也不统一。1973 年临床验证后，青蒿素 II 的名称就较为少用了。在 1973 年相关化合物的红外光谱和氢谱测定图中使用的名称就是青蒿素和还原青蒿素。

档案表明，1973 年 4 月课题组就确定了青蒿素是一个不含氮的化合物，分子量为 282，分子式为 $C_{15}H_{22}O_5$，属于倍半萜类化合物。这足以说明，1973 年下半年在海南临床验证有效的就是青蒿素。

1974 年 4 月在河南商丘召开“疟疾防治药物（化学合成）研究专业会议”，中药所派科教处陈玫携带青蒿研究汇报资料参会，在会议上报告了青蒿素、双氢青蒿素的研究情况，这也是青蒿素首次在内部专业会议上公开。

中药所曾先与中国科学院上海有机化学研究所协作研

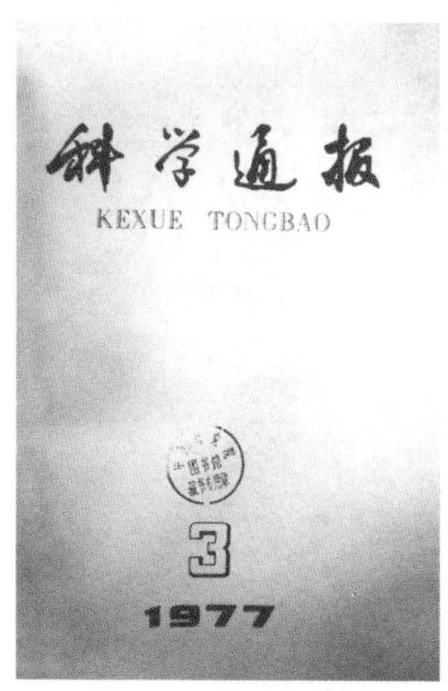

一种新型的倍半萜内酯——青蒿素

青蒿素结构研究协作组

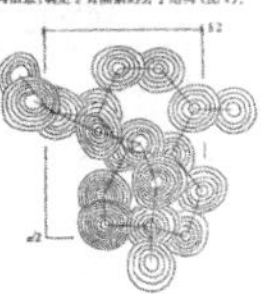

1977 年以青蒿素结构研究协作组名义在《科学通报》上发表的文章《一种新型的倍半萜内酯——青蒿素》

CHINESE MEDICAL JOURNAL
中华医学杂志英文版

Volume 92　Monthly, December 1979　Number 12

ANTIMALARIA STUDIES ON QINGHAOSU

Qinghaosu Antimalaria Coordinating Research Group*

药学学报
ACTA PHARMACEUTICA SINICA

中药青蒿化学成分的研究 I

屠呦呦　倪慕云　钟裕容　李兰娜
崔淑莲　张慕群　王秀珍　梁晓天*

中药青蒿化学成分的研究（Ⅱ）

屠呦呦团队发表的论文

Journal of Medicinal Plant Research

Planta medica

Sonderdruck

Heft 3 Volume 44 März 1982

Hippokrates

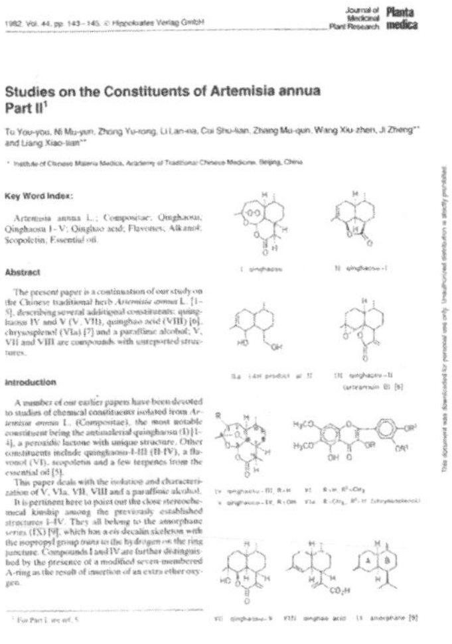

1982, Vol. 44, pp. 143–145. © Hippokrates Verlag GmbH

Journal of Medicinal Plant Research Planta medica

Studies on the Constituents of Artemisia annua Part II[1]

Tu You-you, Ni Mu-yun, Zhong Yu-rong, Li Lan-na, Cui Shu-lian, Zhang Mu-qun, Wang Xiu-zhen, Ji Zheng** and Liang Xiao-tian**

* Institute of Chinese Materia Medica, Academy of Traditional Chinese Medicine, Beijing, China

Key Word Index:

Artemisia annua L.; Compositae; Qinghaosu; Qinghaosu I–V; Qinghao acid; Flavones; Alkanol; Scopoletin; Essential oil.

Abstract

The present paper is a continuation of our study on the Chinese traditional herb *Artemisia annua* L. [1–5], describing several additional constituents: qinghaosu IV and V (V, VII), qinghao acid (VIII) [6], chrysosplenol (VIa) [7] and a paraffinic alcohol; V, VII and VIII are compounds with unreported structures.

Introduction

A number of our earlier papers have been devoted to studies of chemical constituents isolated from *Artemisia annua* L. (Compositae), the most notable constituent being the antimalerial qinghaosu (I) [1–4], a peroxidic lactone with unique structure. Other constituents include qinghaosu-I-III (II-IV), a flavonol (VI), scopoletin and a few terpenes from the essential oil [5].

This paper deals with the isolation and characterization of V, VIa, VII, VIII and a paraffinic alcohol.

It is pertinent here to point out the close stereochemical kinship among the previously established structures I–IV. They all belong to the amorphane series (IX) [9], which has a cis decalin skeleton with the isopropyl group trans to the hydrogen on the ring juncture. Compounds I and IV are further distinguished by the presence of a modified seven-membered A-ring as the result of insertion of an extra ether oxygen.

[1] For Part I, see ref. 5

COMMENTARY

The discovery of artemisinin (qinghaosu) and gifts from Chinese medicine

Youyou Tu

屠呦呦及其团队在《Planta Medica》《Nature Medicine》上介绍青蒿素化学成分研究及发现工作

究青蒿素结构，后与中国科学院生物物理研究所用X射线衍射方法合作研究青蒿素结构。1975年底，X射线衍射方法确定了青蒿素的三维立体结构。1977年，青蒿素结构首次公开发表。

经1976年2月和1977年2月两次请示后，卫生部同意以“青蒿素结构研究协作组”的名义在《科学通报》上公开发表。此后,屠呦呦团队又在《化学学报》《中药通报》《药学学报》《Planta Medica》《Nature Medicine》等刊物上介绍了青蒿素的研究。

“科泰新”

1995年，在肯尼亚的疟疾重灾区奇苏姆省，有位怀孕的妈妈得了疟疾。如果用传统的奎宁或者氯喹治疗，即使母亲能活下来，胎儿也很容易流产或致畸。在用了中国的青蒿素抗疟药之一“科泰新”治疗后，奇迹出现了，不仅妈妈平安无事，孩子也健康地生了下来！妈妈一遍一遍亲吻孩子，并给她取名“科泰新”，让她永远不忘记中国药的救命之恩。

科泰新的诞生，正是源于1973年9月下旬屠呦呦开展的青蒿素衍生物实验。

青蒿素的发现，引起中医研究院及中药所的高度重视，在人力、物力各方面都给予了大力支持。屠呦呦负责全面工作，在组织大量提取青蒿素、准备上临床的同时，工作的重

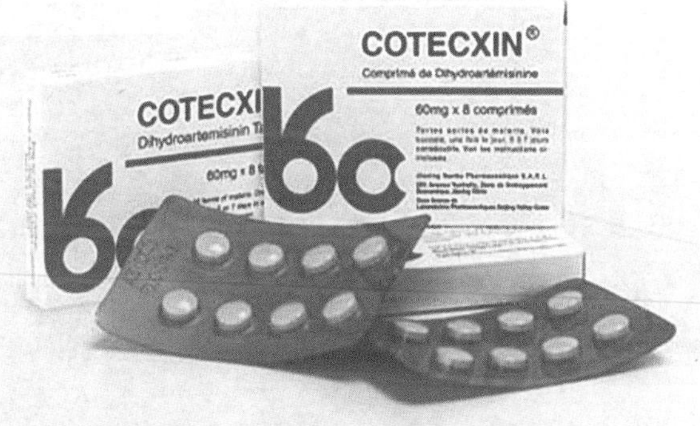

国内外销售的青蒿素抗疟药之一“科泰新”

点转向了青蒿素的化学研究。

1973年9月下旬,屠呦呦在青蒿素的衍生物实验中发现,青蒿素经硼氢化钠还原，羰基峰消失，这也佐证了青蒿素中羰基的存在，并由此在青蒿素结构中引进了羟基。经课题组同志重复，结果一致。这个原衍生物的分子式为 $C_{15}H_{24}O_5$，分子量 284，就是双氢青蒿素。课题组成员倪慕云在还原衍生物时引进乙酰基，此乙酰化产物的抗鼠疟效价更高。这说明，青蒿素分子引进羟基之后，可以制备多种衍生物，为研究构效关系创造了条件。

1975 年，课题组对青蒿素过氧基团去留、内酯环羰基

还原、乙酰化等衍生物的构效关系进行了研究。证实了青蒿素结构中过氧基是抗疟活性基团，在保留过氧基的前提下内酯环的羰基还原成羟基（即双氢青蒿素），可明显增效；在羟基上增加某侧链，药效可进一步增加，提示修饰青蒿素的部分结构，能改变其理化性质，增强抗疟活性。有关研究情况曾向“523”办公室作过汇报。双氢青蒿素除本身具有强

1977 年各地“523”负责人合影。第二排左七为屠呦呦

于青蒿素的抗疟活性外，它还是合成青蒿素类药物的前体。青蒿素类的其他抗疟药是以双氢青蒿素为基础的，如青蒿琥酯、蒿甲醚等。因此，双氢青蒿素的发现是屠呦呦及其课题组又一个重要贡献。

1981 年 10 月，在北京召开的国际会议上，屠呦呦所作的题为《青蒿素的化学研究》的报告，引起世界卫生组织专

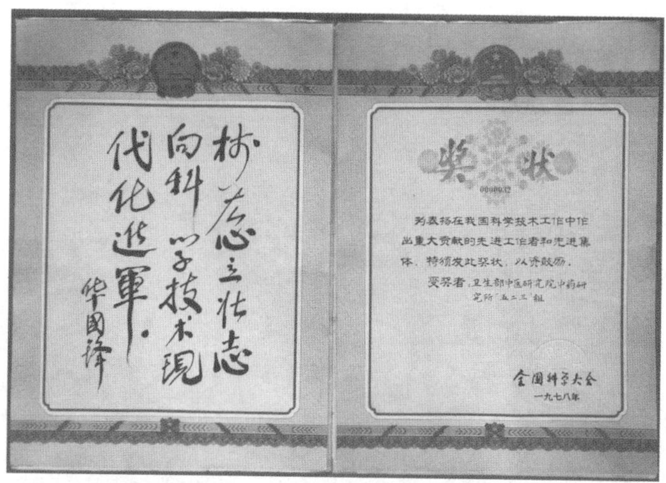

在 1978 年全国科技大会上，卫生部中医研究院中药研究所“523”组获全国先进工作者和先进集体奖

1979 年 9 月，抗疟新药——青蒿素获国家科学技术二等奖

家的极大兴趣，并认为“这一新的发现更重要的意义是在于将为进一步设计合成新药指出方向”。

构效关系的研究结果，也促使屠呦呦进一步思考，认定双氢青蒿素极具进一步研发价值，于是力排异议，在1985年青蒿素申报《新药证书》工作近尾声之际，以屠呦呦为项目负责人并从事药学有关工作，富杭育负责药理等实验研

1981年，世界卫生组织、世界银行、联合国开发计划署在北京联合召开疟疾化疗科学工作组第四次会议，有关青蒿素及其临床应用的一系列报告在会上引发热烈反响。这是青蒿素引起国际重视的一次国际学术交流。屠呦呦（第二排左四）在会上作了题为《青蒿素的化学研究》的报告，会后发表在《中医杂志》上

1982 年 10 月，在全国科学技术奖励大会上，屠呦呦（前排左一）以抗疟新药——青蒿素第一发明单位第一发明人的身份，且作为这一发明项目的唯一代表，领取了发明证书及发明奖章

1985 年，中医研究院中药研究所同事合影。前排左三为屠呦呦，左四为时任所长姜廷良

新药证书

中国中医研究院中药研究所

你单位研制的新药双氢青蒿素片，根据《中华人民共和国药品管理法》，经审查，符合我部颁发的《新药审批办法》的规定，特发此证。

中华人民共和国卫生部

1986年10月3日，卫生部颁发的青蒿素《新药证书》

新药证书

中国中医研究院中药研究所

你单位研制的新药青蒿素，根据《中华人民共和国药品管理法》，经审查，符合我部颁发的《新药审批办法》的规定，特发此证。

中华人民共和国卫生部

1992年7月20日，卫生部颁发的双氢青蒿素片《新药证书》

为表彰在科学技术研究中做出重大贡献，特颁发此证书。

證書

中国中医研究院中药研究所

双氢青蒿素及其片剂项目被评为一九九二年全国十大科技成就。

1992年12月，“双氢青蒿素及其片剂”被评为全国十大科技成就究，按照新药审批办法的要求，组织协作单位，开始了抗疟新药——双氢青蒿素及其片剂的开发研究工作。历经7年艰辛，终于将发现于1973年的双氢青蒿素，在1992年获得《新药证书》，并转让投产。这是屠呦呦对中国乃至世界做出的又一重要贡献。当年她主持的“双氢青蒿素及其片剂”项目被评为全国十大科技成就，为此她被中医研究院聘为终身研究员，成为中国中医科学院第一位终身研究员。

由于双氢青蒿素临床药效提高10倍，用药量小、复燃率降至1.95%，进一步体现了青蒿素类药物“高效、速效、低毒”的特点。那位非洲女孩的名字“科泰新”，正是来源于双氢青蒿素在制药企业投产后的商品名。“科泰新”被广泛用于各种疟疾的治疗，在很长一段时间里，甚至是中国国家领导人出访非洲必送的礼物，在当地被誉为“中国神药”。

根据世卫组织的统计，全球有20多亿人生活在疟疾高发地区——非洲、东南亚、南亚和南美。自2000年起，撒哈拉以南非洲地区约2.4亿人受益于青蒿素联合疗法，约150万人因该疗法避免了疟疾导致的死亡。

如今，为进一步提高药效，中国科学家还研制出青蒿琥酯、蒿甲醚等一类新药。其中，青蒿琥酯注射剂已全面取代奎宁注射液，成为世界卫生组织强烈推荐的重症疟疾治疗首选用药，在全球30多个国家挽救了700多万重症疟疾患者的生命，且主要为5岁以下儿童。

古老的“中国小草”正释放着令世界惊叹的力量。

举国大协作的奇迹

2011年，作为“医学界的诺贝尔奖”的拉斯克奖之所以花落屠呦呦，评委会所依据的是三个“第一”：第一个把青蒿素带到“523”项目组，第一个提取出有100%抑制率的青蒿素，第一个做了临床实验。

获奖之后，与众人欣喜难言相比，屠呦呦显得淡定平静，她多次强调：“这不是我一个人的荣誉，是中国全体科学家的荣誉。”

2013年6月19日，路易斯·米勒（左二）来中国中医科学院中药研究所交流访问。右二为屠呦呦，左一为陈士林所长

路易斯·米勒与“523”项目组重要研究人员的合影，前排左三为屠呦呦，前排右三为张剑芳，前排右一为李国桥，后排右一为罗泽渊，后排右二为施凛荣

中国中医科学院院长、中国工程院院士张伯礼与屠呦呦在交谈青蒿素的拓展研究

这并非客套话——举国大协作创造的奇迹，在青蒿素的研发过程中，已被屡次证明。青蒿素的研究历程既饱含着屠呦呦等一批科研工作者的心血汗水，也离不开全国上下一盘棋的协作支撑。

青蒿素鉴定书有这样的记载：1972 年以来，全国十个省、区、市用青蒿制剂和青蒿素制剂在海南、云南、四川、山东、河南、江苏、湖北以及东南亚等恶性疟、间日疟流行地区，进行了 6555 例临床验证，用青蒿素制剂治疗 2099 例。

药物的研创，要经历从选题立项到确立技术路线，从药材选取到提取化合物，从药理、毒理分析到临床研究的漫长过程。如此庞大的系统工程，即使在今天，也要依靠多方面的协同。

从 2010 年开始，美国国家科学院院士路易斯·米勒一直致力于向拉斯克奖和诺贝尔奖相关评委会推介屠呦呦和她的青蒿素成果。

中国中医科学院院长张伯礼院士说："青蒿素就是几十家科研机构，几百位科学家共同奋斗的历程。举国体制在当年困难的条件下发挥了极大作用，这种团队精神永远不会过时！"

青蒿素的研究历程与成果表明，寻找疟疾治疗药物的"523"项目是在"文革"这一特殊历史时期，举全国科技之力协作的一个科研项目。1967 年，项目启动运行，60 多个科研单位、500 多名科研人员加入到了这个科研集体。1978 年 11 月 28 日，在扬州召开青蒿素鉴定会时，主要研究单位就列了 6 家，主要协作单位竟有 39 家之多，参加鉴定会的人员达 100 多人。

搞一个新药，用得着那么多单位、那么多人吗？

确实缺一不可！

比如，青蒿素的立体结构的确定过程。在 40 多年前，作为国家级研究所，中医研究院中药所也缺乏先进的仪器设备。上海有机所是当时全国化学研究条件最好的研究所，中药所与其合作研究青蒿素的化学结构持续了两年多，未能确定青蒿素的结构。中国科学院生物物理研究所的介入，采用更为先进的 X 线晶体衍射技术，才得以最终确定。

作为大协作的组织协调方，全国“523”办公室在青蒿素发现的过程中给予了大力的支持。当中药所发现青蒿乙醚中性提取物对鼠疟、猴疟模型疟原虫有 100% 抑制率时，就指示当年开展临床验证；当中药所拿到青蒿素单体时，又指示尽快临床验证。1974 年 1 月 10—17 日，在北京召开的各地区“523”办公室负责同志座谈会上，指示“有关青蒿的研究工作，由中医研究院组织云南、山东等地一起讨论交流，协调下一步工作”。1974 年 2 月 5 日，全国疟疾防治研究领导小组转发的“523”办公室负责同志座谈会简报，提到要交流青蒿抗疟研究经验。中医研究院根据这一安排，于 1974 年 2 月 28 日至 3 月 1 日召开“青蒿素专题研究座谈会”，参加座谈会的有山东中医药研究所、山东寄生虫防治所、云南药物研究所及北京中药所的科研人员。会议交流了 3 年来

罗泽渊，曾是云南药物研究所研究员，为青蒿素研究工作做出过突出贡献

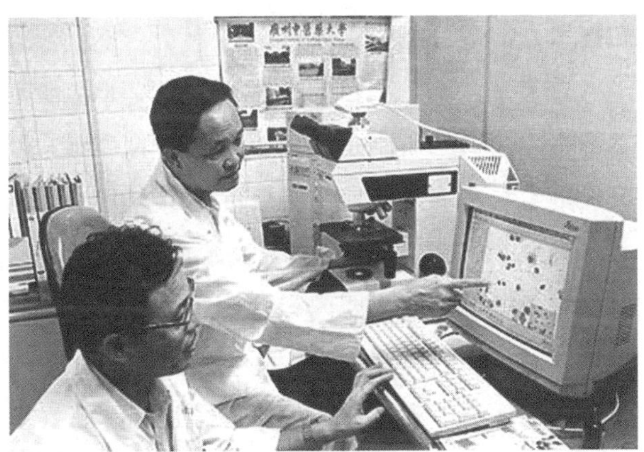

李国桥（右），广州中医药大学首席教授，为青蒿素临床研究工作做出过突出贡献

青蒿的研究进展情况，为了加强协作、避免重复、协调任务、加快速度，对下一步的工作进行了分工。中药所邀请参会的代表参观了青蒿素研究的各实验室，并作了详细介绍，从此拉开了全国大协作的序幕。

一年后的成都会议，有全国 8 个省市的相关单位参加，对开展青蒿研究的“大会战”进行了部署，使全国大协作达到了高潮。

原全国“523”领导小组办公室副主任张剑方说：“青蒿素的研制成功，是我国科技工作者集体的荣誉，六家发明单位各有各的发明创造。从传统医药中，用现代的科技手段研制成功一种新结构类型的药，发明证书上的六个单位中，无论是哪一个单位，以当时的人才、设备、资金、理论知识和技术，都不可能独立完成。”

曾参加“523”项目的中国科学院院士周维善感叹道：“青蒿素系列药物的研制是一个非常复杂的系统工程，有众多研究人员参与，不是任何一个单位或个人可以包打天下的。”

在整个“523”任务中，高疟区现场工作是重要的组成部分。现场工作的主要内容是开展流行病学调查、危重病例救治以及药物临床观察等。高疟区多是偏远地区，自然条件恶劣，生活条件艰苦。在那些地区开展为期数月的工作，参与人员需要吃苦耐劳，克服诸多困难。例如，在 20 世纪 60 年代末，上海派出 40 人的现场工作组到达海南岛。当时岛上条件极差，工作中需要翻山越岭、涉水渡河。工作组闯过

科研人员在云南疟区观察疟疾新药的治疗效果

了“生活关”“爬山关”“怕蛇关”等各类困难。有个例子可以说明那时的生活条件。一位组员借住在当地农民家里，同吃同住。一次吃饭时，该组员竟然直接从饭里夹到一只小青蛙。在当时的政治氛围之下，为了表明对农民兄弟的感情，经过激烈的“思想斗争”，那位组员还是把青蛙吃下去了。这种现场工作，在今天是难以想象的。

那个时期的科研工作中，一直非常强调“献身精神”。在各个专业组中，也都能看到这种“献身精神”。“523”研究规划将雷式按蚊的饲养与繁殖研究工作分配给上海的科研单位。当时国际上开展按蚊的交配繁殖研究，都要求有恒温恒湿的椭圆形饲养室等一些较高的科研条件。但是国内的研究条件非常艰苦。科研人员在狭小闷热的饲养室里工作，甚至长期用自己双手供蚊子吮吸，成功地培育出实验用蚊。上海第二制药厂研制某种气味趋避剂时，需要开展模拟实用观察。有 26 位解放军战士自愿参加。他们在双脚踝部和枪带上固定趋避剂后，于晚上伏卧于蚊虫密集的河滩草地中，统计被蚊虫的叮咬次数，以验证驱蚊效果。

"523"研究另一个重要特点，就是"协作"。地区之间，同专业的研究组及时、密集地相互交流。以上海领衔的"疟疾免疫科研组"为例，各地区的研究组相互交流计划、总结、简报，及时通讯，互通有无，还相互给予工作建议、进行分工协作，并很快印制了疟疾免疫研究的内部交流专集。这种做法，被全国"523"领导小组充分肯定，并向全国推广。可以说，在当年"523"这个特殊的体系中，诸多成果都被及时且毫无保留地提供给全国同行参考借鉴。

20 世纪六七十年代，科研条件还十分艰苦。在当时大协作的背景下，很多人甚至未能在学术论文中留下名字。他们对科研的这份执着和热情，源自一个朴素的想法：这是国家的需要。

那些我们知道和不知道姓名的人们，如同"没有花香，没有树高"的小草。他们的贡献，都值得被历史铭记。

青蒿济世

疟疾，与艾滋病和癌症一起，被世界卫生组织列为世界

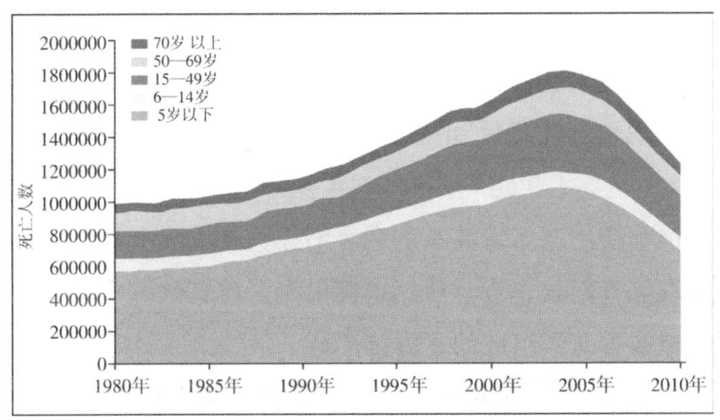

资料来源：Christopher J L Murray,et al. Global malaria mortality between 1980 and 2010: a systematic analysis,*Lancet 2012*，379: 413—431.

1980—2010 年全球疟疾死亡人数统计（年龄分布）

三大死亡疾病之一。

在青蒿素问世和推广前，全世界每年约有 4 亿人次感染疟疾，至少有 100 万人死于此病。感染和死亡者主要集中在撒哈拉以南非洲地区，很多病人死亡，只是因为他们用不起昂贵的传统抗疟药物。

青蒿素的问世，成为当之无愧的“救命药”。

而在专业人士看来，青蒿素的另一个可贵之处是，它能攻克抗氯喹疟原虫感染所致疟疾，也能对付多药耐药疟疾，而且几十年来仍然保持奇高的治愈率，成为抗疟药中的一枝独秀。

更神奇的是，正当抗氯喹疟原虫肆虐而让疟疾患者无药可救时，青蒿素有如“及时雨”般地横空出世，令世人叹为观止。

理论上，任何药物在长期应用过程中若使用不当都可能会出现敏感性降低和耐药性提高乃至药效逐渐丧失的结局。为此，世界卫生组织强调，对疟疾不可采用青蒿素单药治疗，并推荐使用基于青蒿素的联合治疗，它实际上是由速效抗疟药双氢青蒿素、青蒿琥酯或蒿甲醚，与长效抗疟药哌喹、甲氟喹或本芴醇组成的复方抗疟药。

为什么疟原虫不易对青蒿素产生耐药性呢？秘密就在于青蒿素分子中特有的“过氧桥”——这正是青蒿素杀灭疟原虫的关键因素。

由于青蒿素作用十分迅速，疟原虫根本来不及诱导抗氧化酶及抗氧化剂的合成。同时，红细胞本身不含细胞核，没

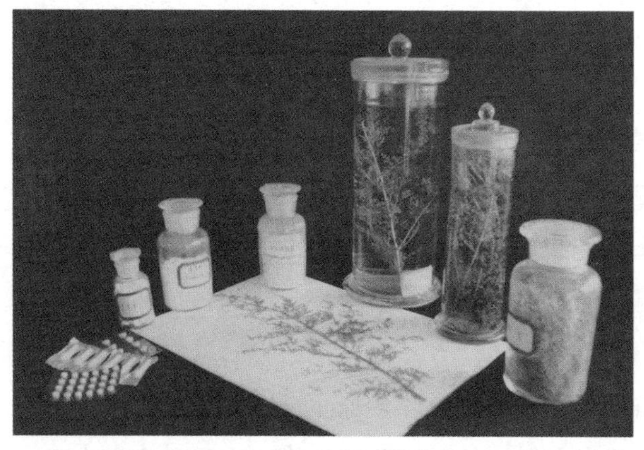

从右到左依次为青蒿标本、青蒿素、青蒿素制品

有染色体和基因组，也就不可能上调抗氧化酶基因的表达。因此，红细胞与栖身其中的疟原虫因缺乏足够的抗氧化活性物质保护，几乎不可能抵御青蒿素的凌厉攻势，一旦遭遇必陷灭顶之灾。

如今，以青蒿素类药物为主的联合疗法已经成为世界卫生组织推荐的抗疟疾标准疗法。世卫组织认为，青蒿素联合疗法是目前治疗疟疾最有效的手段，也是抵抗疟疾耐药性效果最好的药物，中国作为抗疟药物青蒿素的发现方及最大生产方，在全球抗击疟疾进程中发挥了重要作用。

在疟疾重灾区非洲，青蒿素已经拯救了上百万生命。根据世卫组织的统计数据，自 2000 年起，撒哈拉以南非洲地区约 2.4 亿人口受益于青蒿素联合疗法，约 150 万人因该疗法避免了疟疾导致的死亡。

津巴布韦卫生部抗疟项目负责人姆贝里库纳什说，津巴布韦卫生部 2010 年至 2013 年进行的一项跟踪调查显示，服用青蒿素抗疟药物的疟疾患者治愈率高达 97%。津巴布韦自 2008 年开始推广以青蒿素为基础的复方药物。本世纪初，津巴布韦疟疾患病率为 15%，到 2013 年这一比率已下降至 2.2%，青蒿素抗疟药物的普及和推广在其中发挥了重要作用。

在南非的夸祖鲁纳塔尔省，中国的复方蒿甲醚使疟疾患病人数减少了 78%，死亡人数下降了 88%；在西非的贝宁，当地民众都把中国医疗队给他们使用的这种疗效明显、价格

2002 年 10 月，屠呦呦应邀出席我国与世界卫生组织联合举办的“中—非传统医学发展与合作论坛”，并以“青蒿素 ——传统抗疟重要的结晶”为题作报告

便宜的中国药称为“来自遥远东方的神药”……

世界卫生组织非洲区事务负责人特希迪·莫蒂说，青蒿素治疗疟疾的发现对世界人民的健康福祉带来巨大改变，“疟疾是非洲人民尤其是非洲儿童的主要健康杀手。多年来，青蒿素挽救了大量非洲人民的生命，对非洲实现联合国千年发展目标发挥了重要作用”。

利比里亚卫生部长伯尼斯·达恩表示，“在我的国家，疟疾是人民健康的主要杀手”。此前，利比里亚一直用奎宁等其他疗法对付疟疾，都有明显副作用。自从改用青蒿素以来，这些顾虑便不再有。同时，“中国政府多次对我们进行医疗援助，帮助我们开展科研以防控疟疾，人们都对此心存感激”。

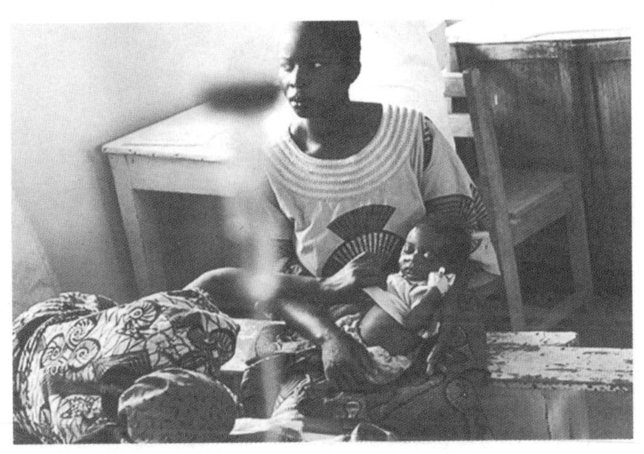

在非洲，一位母亲抱着患疟疾的孩子坐在医院的病床上

塞内加尔卫生部长阿娃·塞克说，她曾在一线工作多年，有过治疗疟疾的经验，亲身见证过青蒿素的疗效，青蒿素研究成果给非洲所有受疟疾困扰的国家带来希望。

“我的国家每年都会暴发疟疾疫情，”尼日尔卫生部副部长阿尔祖马·达里说，“我很感谢中国长久以来对我们国家的医疗援助，尼日尔也在用青蒿素药物控制疟疾，并取得显著成效”。

加蓬卫生部副部长塞莱斯蒂纳·巴说，中国在公共健康领域付出了很大努力，抗疟药物青蒿素的发现对治疗疟疾有重要作用，尤其是在卫生条件有限的国家和地区。

自 20 世纪 60 年代起，中国就开始派遣医疗队前往非洲进行无偿的医疗支援和疾病防治。截至 2009 年底，中国在

非洲国家毛里求斯总统阿米娜·古里布－法基姆到中国中医科学院中药研究所访问。陈士林所长向其介绍青蒿素等研究成果

非洲援建了 54 所医院，设立 30 个疟疾防治中心，向 35 个非洲国家提供价值约 2 亿元人民币的抗疟药品。

2015 年 10 月 23 日，毛里求斯总统阿米娜·古里布—法基姆来华出席活动期间，专门访问中国中医科学院中药研究所。这位同时身为著名生物学家的女总统对屠呦呦获得诺贝尔奖表示祝贺，她说，屠呦呦研究员的工作让世界的目光重新聚焦到传统医学上，不仅对中国非常重要，对于发展中国家和世界传统医学也有非凡意义。对中医药有着浓厚兴趣的她同时表示，非洲的传统医药资源非常丰富，迫切希望与中国建立起传统医药领域的合作关系，以此拓展“南南合作”平台，毛里求斯将成为中医药走向世界的窗口。

第五章 — 享誉世界

屠呦呦和她的学生

1981 年，中医研究院入选我国首批博士和硕士学位授予单位名单，屠呦呦开始招收硕士研究生，共培养 4 名硕士生，其中，吴崇明和顾玉诚研究了传统中药延胡索、牡蒿、大蓟、小蓟的有效成分或化学成分，承袭了屠呦呦做青蒿素研究的方法。

中药研究所 2001 年申报中药学博士点成功后，她于 2002 年又招收了博士生王满元。

王满元攻读博士期间，考虑到学生培养的目的以及培养计划的完整性和可实施性，屠呦呦指导他完成了红药化学成分和初步生物活性研究的学位论文，红药是苦苣苔科唇柱苣苔属植物红药的全草，为壮医常用药材，系我国特有，主产于广西西南部，常用于月经不调，身体虚弱，贫血及跌打骨折。这也是她少有的中药青蒿之外的工作，由此可以看出，

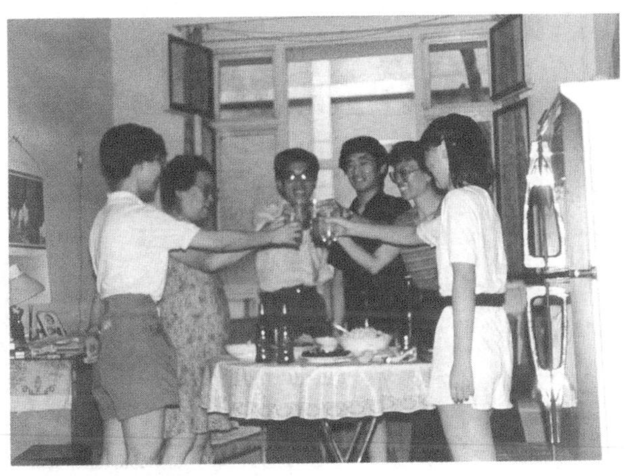

1987 年 7 月，屠呦呦邀请硕士研究生顾玉诚（左三）及同事到家中做客

屠呦呦在 70 岁后仍努力育人的工作态度。

王满元现任首都医科大学中医药学院中药药剂学系主任，他第一次“认识”自己的导师屠呦呦，是通过一个笔记本。这个 32 开深绿色的笔记本，记载着她年轻时对中药中各大类化学成分提取、分离的一些信息。

2002 年，王满元刚刚入学时，屠呦呦将这本笔记郑重赠予弟子，让他对植物化学有所了解，在当时的王满元看来，这本写满了中药化学属性的笔记“依旧不过时”。

王满元说，透过泛黄的扉页，仿佛看到了一位严谨笃行的学术前辈每日伏案的瞬间。这本扉页上写着“向雷锋同志学习”的笔记，成稿于 20 世纪 60 年代末 70 年代初，当时

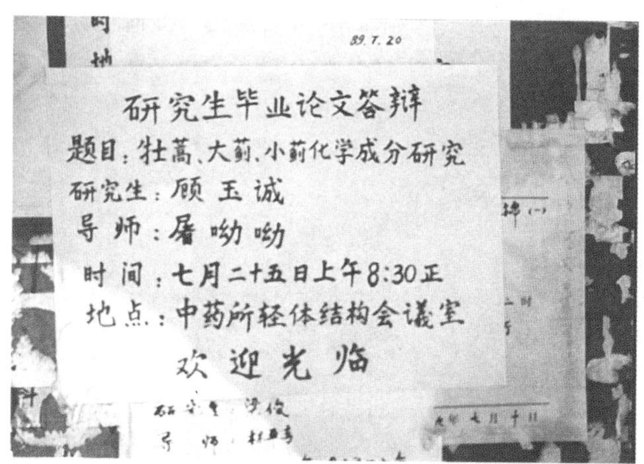

1989 年 7 月 25 日，屠呦呦的硕士研究生顾玉诚的毕业论文答辩会，站立者为顾玉诚

屠呦呦（前排右三）参加其博士生王满元（后排左四）毕业论文答辩。参加答辩的老师有时任中药所所长黄璐琦（前排右一）；中药所化学室原主任孙友富（前排右二）；北京大学药学院教授赵玉英（前排左三）；军事医学科学院毒物药物研究所研究员崔承彬（前排左二）；北京中医药大学中药学院教授石任兵（前排左一）

屠呦呦在中国中医研究院 2005 届研究生毕业典礼上与其博士生王满元合影

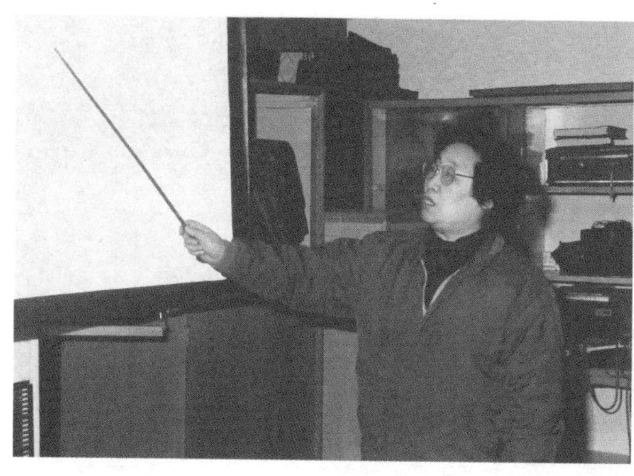

屠呦呦作课题报告

屠呦呦刚刚接手中国抗疟疾药物研发的“523”项目，在科研资料不易得的情况下，很多中药信息只能从各地学校“革委会”的传阅材料中收集。每每获得，她就抄录其中，纤毫必录。用了3个月时间，她收集了包括内服、外用、植物、动物、矿物在内的2000多个方药，对其中200多种中草药380多种提取物进行筛查。

2002年，屠呦呦承接“中药标准及相关中医药临床疗效评价标准”专项中有关青蒿的子项目，当时，唯一的组员杨岚研究员将要去日本进修。因为缺人手，当时刚刚成为屠呦呦博士生的王满元，就被要求进组。彼时，72岁的屠呦呦每个月都会打车到实验室，指导王满元开展相关研究。

“屠老师究竟算西医还是中医呢？”王满元记得，每次

1985 年 2 月，屠呦呦在进行实验

1996 年，屠呦呦在指导助手杨岚做实验

屠呦呦在作研究

有人这么问她，屠呦呦都不作回答。作为她的弟子，王满元知道，中医西医之争，屠呦呦并不关心。

“屠老师一辈子做科研的奔头儿就是利用科学技术探索中药更好的疗效，她对我的培养也是坚持这个信念。”王满元一入学就收到老师的“礼物”——屠呦呦已毕业的硕士研究生吴崇明和顾玉诚的硕士 论文。这两篇论文承袭了屠呦呦做青蒿素研究的方法。

王满元认为，这份礼物不仅意在让他揣摩其中的研究思路，也是对师门传统的一次研习。

在他攻读博士期间，屠呦呦还出资让他去北大医学部、协和医科大学学习中草药化学、波谱解析等课程。

“屠老师是一个特别执着、坚定，事业心特别重的人，心无旁骛。”令王满元印象深刻的是，屠呦呦平时有做剪报的习惯，尤其关注健康卫生领域的重大事件和新闻，经常让王满元寻找相关资料补充知识。在非典期间，她和中国预防医学科学院合作，研究青蒿素类药物对非典疫情可能的治疗效果。

王满元说：“他们这一辈科学家，有着很强的国家荣誉感和集体归属感，也有着很坚定和朴素的科学信仰。她对我的影响是潜移默化的，从她身上，我学到了做科研，在找到你关注的方向后，就要坚定地走完科研道路。”

喜获拉斯克等国际大奖

2011 年 9 月 12 日，对屠呦呦而言，是她本来默默无闻的科研之路第一次走进公众视线。

当日，2011 年度拉斯克奖的获奖名单揭晓，屠呦呦获得临床医学奖，获奖理由是“因为发现青蒿素——一种用于治疗疟疾的药物，挽救了全球特别是发展中国家的数百万人的生命”。

如果没有之后的诺贝尔奖，这就是中国生物医学界获得的世界高等级奖项。

旨在表彰医学领域做出突出贡献的科学家、医生和公

2011 年 9 月 24 日，屠呦呦在美国纽约领取拉斯克奖

2011 Lasker~DeBakey
Clinical Medical Research Award

Presented by the

ALBERT AND MARY
LASKER FOUNDATION

to

TU YOUYOU

China Academy of Chinese Medical Sciences

For the discovery of artemisinin, a drug therapy for malaria that has saved millions of lives across the globe, especially in the developing world.

Alfred Sommer
Chairman
Lasker Foundation

President
Lasker Foundation

September 23, 2011

拉斯克奖证书与奖杯

共服务人员的拉斯克奖，是生物医学领域仅次于诺贝尔奖的一项大奖。截至屠呦呦获奖的2011年，300多位获奖者中，有数十人相继获得诺贝尔奖。拉斯克奖的分量已经很清楚——颁发于诺贝尔奖之前，以获奖者与诺贝尔奖得主的高重合率而闻名，被誉为诺贝尔奖风向标。

于是，当时关于屠呦呦的报道中，这几句点评变得司空见惯——“离诺奖最近的中国女人”，“值得获诺贝尔奖”。

在北京时间2011年9月24日凌晨，2011年度拉斯克奖颁奖典礼上，屠呦呦接过了沉甸甸的奖杯。时年81岁的她，很认真地表达了自己的获奖感言：“这是中医中药走向世界的一项荣誉。它属于科研团队中的每一个人，属于中国科学家群体。”

的确，这是第一次全世界都清楚地知道，源远流长的中医药学，成功攻克了一个世界性健康难题。

“在人类的药物史上，我们如此庆祝一项能缓解数亿人疼痛和压力并挽救上百个国家数百万人生命的发现的机会并不常有。”斯坦福大学教授、拉斯克奖评审委员会成员露西·夏皮罗在讲述青蒿素发现的意义时说，青蒿素这一高效抗疟药的发现归因于屠呦呦及其团队的“洞察力、视野和顽强信念”，为世界提供了过去半个世纪里最重要的药物干预方案。

世界卫生组织全球疟疾规划协调员 Pascal Ringwald 在当时表示，过去10年，全球死于疟疾的人数下降了38%，

屠呦呦（前排左二）与2011年拉斯克奖评委和获奖人员合影。除屠呦呦外，另外两名获奖者为：亚瑟·霍里奇（后排左二）、弗朗兹—乌尔里奇·哈特尔（后排左三）。美国国立卫生研究院（NIH）作为一个组织获拉斯克公共服务奖，后排左一为该组织领奖人

2011年9月，屠呦呦夫妇及大女儿李敏一家在拉斯克奖颁奖典礼上合影

2011 年 11 月，时任卫生部部长陈竺（右二），卫生部副部长、国家中医药管理局局长王国强（左二），中国中医科学院党委书记王志勇（左一），中国中医科学院院长张伯礼（右一）与获得拉斯克奖的屠呦呦（左三）合影

全球 43 个国家，其中包括 11 个非洲国家疟疾发病率和疟疾死亡率都下降 50% 以上。青蒿素类药物的问世，为人类抗击疟疾的战斗提供了有效武器。

相比青蒿素的抗疟能力，屠呦呦在得奖后，尤为关注的，还有这个奖对于中医药学的意义。在颁奖典礼上，屠呦呦表情平静地讲述完青蒿素的研发历程后，她才颇有些激动地说："要呼吁进一步发掘传统中医药，继承发扬、继承提高、继承创新。中医药是伟大宝库，对世界人民健康的潜力还有待继续发掘。我们老祖宗替我们保留了很多有益的经验。我们找到青蒿素，解决了全球迫切想解决的问题。类似的传统药还有很多。"

国家中医药管理局当时发出的贺信中说，屠呦呦研究员获得拉斯克临床医学研究奖，充分说明了中医药学是一个伟大的宝库，展示了中医药学的科学价值，体现了我国在生物医学领域的科技创新能力，振奋了广大中医药工作者的精神。

“国内和国际对中药的努力可能将中药带到一个新的时代，挽救更多人的生命。”得知屠呦呦获拉斯克奖后，研究青蒿素历史的北京大学生命科学院院长饶毅说，青蒿素证明了从传统药物获得确定化学成分药物的价值。这能刺激国际医药界用传统药物寻找全新化学结构的药物、发现有效化合物。这也是警醒人们努力确定中药特定化学成分和特定疾病的关系。

青蒿素还在造福人类，这项植根于中华大地的科研成果，作为传统中医药瑰宝，正是从获得拉斯克奖起，开始在国际生物医学界得到越来越多的权威肯定。

获得拉斯克奖 4 年后，屠呦呦及其团队的工作再次受到国际科学界的认可。2015 年 6 月，华伦 · 阿尔波特基金会及哈佛大学医学院将 2015 年度华伦 · 阿尔波特奖授予在疟疾预防及治疗中做出具有先驱性和突破性贡献的屠呦呦及其他两位科学家。屠呦呦因身体原因无法出席授奖仪式，由家属代其领奖。

华伦 · 阿尔波特基金会由华伦 · 阿尔波特先生于 1987 年创立，专门用于奖励为人类健康事业做出突破性发现的科学家。至今已有 51 位科学家获华伦 · 阿尔波特奖，其中有

屠呦呦大女儿李敏、女婿毛磊及外孙女代其领取华伦·阿尔波特奖

8 位科学家（包括屠呦呦）先后获得诺贝尔奖。屠呦呦获奖，是该奖项首次颁发给中国科学家。

意外的诺奖

2015 年 10 月 5 日，在拿下“诺奖风向标”拉斯克奖 4 年后，屠呦呦真正成为了诺贝尔奖获得者。

瑞典卡罗林斯卡学院在这一天宣布，将 2015 年诺贝尔生理学或医学奖授予中国药学家屠呦呦以及爱尔兰科学家威廉姆·坎贝尔和日本科学家大村智，表彰他们在寄生虫疾病治疗研究方面取得的成就。

2015 年 10 月 5 日，李克强总理致信祝贺屠呦呦获得 2015 年诺贝尔生理学或医学奖。图为 10 月 6 日中央电视台《新闻联播》的相关报道

2015 年 10 月 5 日晚，受刘延东副总理委托，中国科协党组书记尚勇（右二），国家卫生和计划生育委员会副主任、国家中医药管理局局长王国强（左三）等看望屠呦呦

屠呦呦也就此成为诺贝尔生理学或医学奖史上第12位女性得主。她的获奖理由是“有关疟疾新疗法的发现”。诺贝尔生理学或医学奖评委让·安德森说：“屠呦呦是第一个证实青蒿素可以在动物体和人体内有效抵抗疟疾的科学家。她的研发对人类的生命健康贡献突出，为科研人员打开了一扇崭新的窗户。屠呦呦既有中医学知识，也了解药理学和化学，她将东西方医学相结合，达到了一加一大于二的效果，屠呦呦的发明是这种结合的完美体现。”

诺贝尔奖评选委员会用“价值无法估量”来评价2015年的获奖成果：“由寄生虫引发的疾病困扰了人类几千年，构成重大的全球性健康问题。屠呦呦发现的青蒿素应用在治疗中，使疟疾患者的死亡率显著降低；坎贝尔和大村智发明了阿维菌素，从根本上降低了象皮病和河盲症的发病率。今年的获奖者们均研究出了治疗‘一些最具伤害性的寄生虫病的革命性疗法’，这两项获奖成果为每年数百万感染相关疾病的人们提供了‘强有力的治疗新方式’，在改善人类健康和减少患者病痛方面的成果无法估量。”

2015年的国庆假期，整个中国都因此而欣喜。

消息发布当日，中共中央政治局常委、国务院总理李克强致信国家中医药管理局，对中国著名药学家屠呦呦获得2015年诺贝尔生理学或医学奖表示祝贺。贺信说，长期以来，我国广大科技工作者包括医学研究人员默默耕耘、无私奉献、团结协作、勇攀高峰，取得许多高水平成果。屠呦呦获得诺

2015 年 10 月 10 日下午，全国人大常委会副委员长、全国妇联主席沈跃跃（左三），全国妇联党组书记、副主席、书记处第一书记宋秀岩（右三），国家卫生和计划生育委员会副主任、国家中医药管理局局长王国强（左二）等看望屠呦呦

贝尔生理学或医学奖，是中国科技繁荣进步的体现，是中医药对人类健康事业做出巨大贡献的体现，充分展现了我国综合国力和国际影响力的不断提升。希望广大科研人员认真实施创新驱动发展战略，积极推进大众创业、万众创新，瞄准科技前沿，奋力攻克难题，为推动我国经济社会发展和加快创新型国家建设做出新的更大贡献。

中共中央政治局委员、国务院副总理刘延东委托中国科协、国家中医药管理局负责同志于 2015 年 10 月 5 日晚看望屠呦呦并表示祝贺。

10 月 5 日，全国妇联致信屠呦呦，祝贺她荣获 2015 年诺贝尔生理学或医学奖；10 月 10 日下午，全国人大常委会副委员长、全国妇联主席沈跃跃专门前往看望屠呦呦。

国家多个权威机构举办了多个相关座谈会。10月8日，在国家卫生计生委、国家中医药局、国家食品药品监管总局联合召开祝贺屠呦呦荣获2015年诺贝尔奖座谈会上，全国人大常委会副委员长陈竺向屠呦呦表达祝贺。他说，屠呦呦的工作为青蒿素治疗人类疟疾奠定了最重要的基础，得到国家和世界卫生组织的大力推广，挽救了全球范围特别是广大发展中国家数以百万计疟疾患者的生命，为人类治疗和控制这一重大寄生虫类传染病做出了革命性的贡献，也成为用科学方法促进中医药传承创新并走向世界最辉煌的范例。作为有世界影响的科学家，陈竺始终关心支持着青蒿素研究工作。

陈竺看望屠呦呦

他很久前就指出：青蒿素是中国的骄傲。

8 日，中国科协也主办了“科技界祝贺屠呦呦荣获诺贝尔医学奖座谈会”……

屠呦呦的获奖，也在国际社会引起广泛关注。

为什么是屠呦呦

从 1955 年分配到中医研究院中药研究所工作至今，60 年里，屠呦呦很少离开自己的办公场地。她始终专注于那种神奇的“中国小草”，与之相关很多优秀的研究成果都出自这里。

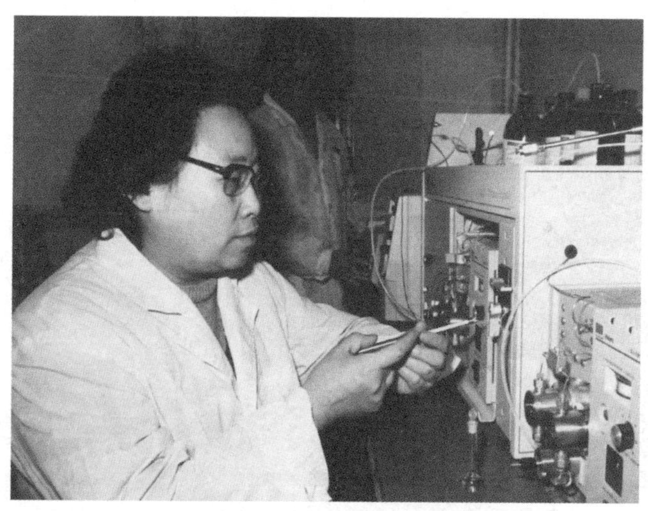

20 世纪 90 年代，屠呦呦在做双氢青蒿素的液相分析试验

1992 年，屠呦呦指导北京第六制药厂技术人员开展工作

在发现青蒿素后，屠呦呦并未就此止步，对事业的执着追求，让她开始进行更加深入的探索。在 1973 年，屠呦呦成功合成双氢青蒿素，以证实青蒿素结构中羰基的存在。她合成出来的这种化学物质，后来被证明比天然青蒿素的效果还要强得多。

经过屠呦呦和她的团队共同努力，到 1983 年 8 月，完成了青蒿素栓的制剂研究。1986 年青蒿素获得编号为（86）卫药证字 x–01 号的新药证书。

这是 1985 年颁布《中华人民共和国药品管理法》和《新药审批办法》后，卫生部批准的第一个新药证书。

从 1973 年 9 月青蒿素胶囊 3 例首次临床初试全部有效，到 1986 年青蒿素类制剂首次被批准正式上市，用了近 13 个

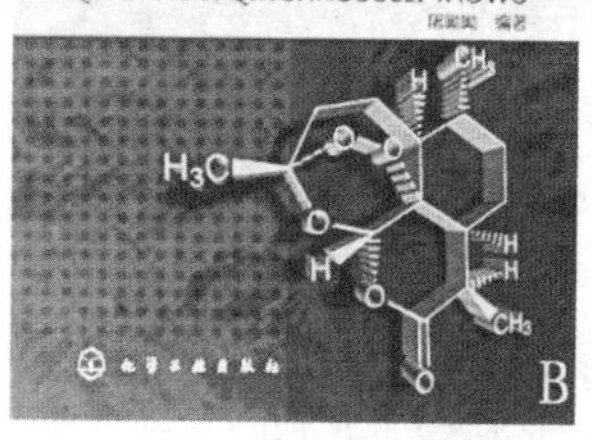

屠呦呦编著《青蒿及青蒿素类药物》一书封面

年头！

执着于中草药研究的屠呦呦，于2009年编写出版《青蒿及青蒿素类药物》一书，并成为“十一五”国家重点图书。她总对来采访的人说，有这本书就够了。作为科学家，她只愿意用这本260页厚的学术著作来与世界对话，对于更多其他的，她似乎无话可说。

从屠呦呦发表的论著来看，她长期专注于中药青蒿本身，进行中药青蒿的有效成分研究，她对中药青蒿幼株、正品等的研究都发表了相关研究成果。

屠呦呦自己虽然没有显赫的头衔，但这丝毫不妨碍她全身心地投入医学领域，并最终斩获诺奖。

屠呦呦说：“因为做了一辈子，希望青蒿素能够物尽其用，也希望有新的激励机制，让中医药产生更多有价值的成果，更好地发挥护佑人类健康的作用。”

中医药所独有的原创优势，也是屠呦呦获得诺奖的重要助力。

其实，中医药从来就是中国最有原创优势的科技领域——

东汉时期的张仲景以治疗“伤寒”病著名，其中医经典

，屠呦呦出席庆祝五一国际劳动节暨表彰全国劳动模范和先进工作者大会

2002 年 4 月，屠呦呦获中华全国妇女联合会、国家知识产权局、中国发明协会联合授予的“新世纪巾帼发明家”称号

著作《伤寒论》论述了对多种传染性疾病不同时期的治疗方法，不但书中的方药沿用至今，其灵活多变的辨证施治方法也奠定了中医临床实践的基石。日本汉方医的经方派至今还用张仲景的原方治疗病毒性肝炎等传染病。

中国医学家早在 980—1567 年间就发明了人痘接种术。人痘接种是牛痘接种术发明以前最有效的预防天花的方法，在中国曾广泛应用，后来还西进欧洲流行美国，拯救了千百万人的生命，并促进了现代免疫预防医学的诞生。

公元前 369 年至 1644 年的明朝末年，仅正史记载的疾病大流行就有 95 次。而清史稿中更多达 100 多次。如此高频率的瘟疫流行，中国当时的人口却是高度增长。清朝中期突破 1 亿，末期达 3 亿。而同期的欧洲人口总数才 1.5 亿，而且是低速增长。此中原因可能很多，但中医的贡献功不可没。

……

在屠呦呦看来，发现青蒿素的奥秘，对于自己的意义在于："把老祖宗的精华通过现代科学给发掘出来，这是我最感欣慰的。"

这背后蕴含的，正是中国中医药界耳熟能详的那句话——中西医结合。

身为全国第三期西医离职学习中医班的学员，屠呦呦的科研之路，足以成为最佳案例。

这位成长于新中国成立初期的女科学家十分清楚，那段

漫画《钓鱼》：西方新药研发是从十万个化合物中才有可能筛选到一个最终能成为上市药品的化合物，犹如在“大海里钓鱼”；而中国中医药有几千年的积累，现代新药开发犹如在中医药“水缸”里钓鱼

举国推动“中西医结合”的岁月，对于中
的意义。

如今，中国传统中医药也在国际社会
贝尔生理学或医学奖评选委员会主席齐扌
学家屠呦呦从中药中分离出青蒿素应用于
中国传统的中草药也能给科学家们带来新
经过现代技术的提纯和与现代医学相结合
疗方面所取得的成就“很了不起”。

中华文化博大精深，中医药就是中华
和积累，是一个大宝库，需要被传承。中
无数中华儿女的健康，可以说中医在很
超一流的医学。神医扁鹊，华佗再世，都
代中医的辉煌。如今屠呦呦获奖，再次肯
将中医药传承下去，势在必行。

对此，中国中医科学院院长、中国
深有感触，他认为，中医药原创思维与
产生原创成果。在谈到屠呦呦获诺贝尔
说：“中医药学从来不是封闭的，也是与
吸收不同时代的新认识和新技术方法为
技术突飞猛进，中医药发展也需要与现
丰富中医药的科学内涵和时代特色。中
知识产权的主要领域，中医药独特的
可谓科技创新的不尽源泉，蕴含着巨大

19

2009 年，屠呦呦领取“中国中医科学院唐氏中药发展奖”

2012 年 2 月，屠呦呦获全国妇联颁发的“全国三八红旗手”奖章

创思维和经验结合现代科技就会产生原创性的成果，青蒿素的研发成功就是遵循这条路径。我们提倡中医药现代化，不是说传统就不重要。探索中医药科技创新的路径和方法，既要善于从古代经典医籍中寻找创新灵感，也要善于学习借鉴先进科学技术。中医药与现代科学理论、技术方法的渗透结合，可以丰富生命科学的内容，提高医疗卫生服务能力，为实施创新驱动发展战略、转变经济发展方式做出更大贡献。”

对中医药的原创优势，中国中医科学院中药研究所所长陈士林认为：“越是民族性的东西，越具有生命力。在传统医药领域，蕴含着巨大的原创性科技资源，与现代科技结合，就有可能产生许多原创性的重大科研成果，并造福人类，如砒霜（三氧化二砷）治疗白血病、汉防己碱抗病毒、黄连素治疗糖尿病等。”

另外，特别值得留意的是，实现中国本土自然科学领域诺奖零突破的，是一位女性，这足以让人惊叹欣喜。

诺贝尔奖 115 年来，有 592 位科学家获得自然科学奖，女性获奖者有 17 位、18 人次，只占区区 3%。其中，化学奖获得者只有 4 位，两位还是居里夫人母女。物理学奖则只有两位女性得主，其中还是居里夫人贡献了一半，而且自 1963 年以来，女性再也没有获得过物理学奖。生理学或医学奖稍好，迄今 12 位女性得主，但也只占生理学或医学奖得主总数的 5%。在这样的历史背景中，屠呦呦获奖，不仅是中国科学界的骄傲，也是中国女性的骄傲、全世界女性的著作《伤寒论》论述了对多种传染性疾病不同时期的治疗方法，不但书中的方药沿用至今，其灵活多变的辨证施治方法也奠定了中医临床实践的基石。日本汉方医的经方派至今还用张仲景的原方治疗病毒性肝炎等传染病。

中国医学家早在980—1567年间就发明了人痘接种术。人痘接种是牛痘接种术发明以前最有效的预防天花的方法，在中国曾广泛应用，后来还西进欧洲流行美国，拯救了千百万人的生命，并促进了现代免疫预防医学的诞生。

公元前369年至1644年的明朝末年，仅正史记载的疾病大流行就有95次。而清史稿中更多达100多次。如此高频率的瘟疫流行，中国当时的人口却是高度增长。清朝中期突破1亿,末期达3亿。而同期的欧洲人口总数才1.5亿，而且是低速增长。此中原因可能很多，但中医的贡献功不可没。

……

在屠呦呦看来，发现青蒿素的奥秘，对于自己的意义在于："把老祖宗的精华通过现代科学给发掘出来，这是我最感欣慰的。"

这背后蕴含的，正是中国中医药界耳熟能详的那句话——中西医结合。

身为全国第三期西医离职学习中医班的学员，屠呦呦的科研之路，足以成为最佳案例。

这位成长于新中国成立初期的女科学家十分清楚，那段

漫画《钓鱼》：西方新药研发是从十万个化合物中才有可能筛选到一个最终能成为上市药品的化合物，犹如在“大海里钓鱼”；而中国中医药有几千年的积累，现代新药开发犹如在中医药“水缸”里钓鱼

举国推动“中西医结合”的岁月，对于中国传统医药学发展的意义。

如今，中国传统中医药也在国际社会得到更多赞誉。诺贝尔生理学或医学奖评选委员会主席齐拉特说：“中国女科学家屠呦呦从中药中分离出青蒿素应用于疟疾治疗，这表明中国传统的中草药也能给科学家们带来新的启发。”她表示，经过现代技术的提纯和与现代医学相结合，中草药在疾病治疗方面所取得的成就“很了不起”。

中华文化博大精深，中医药就是中华文明几千年的创造和积累，是一个大宝库，需要被传承。中医药的存续守护了无数中华儿女的健康，可以说中医在很长一段时间是世界上超一流的医学。神医扁鹊，华佗再世，都反映了特定历史时代中医的辉煌。如今屠呦呦获奖，再次肯定了中医药的潜力。将中医药传承下去，势在必行。

对此，中国中医科学院院长、中国工程院院士张伯礼深有感触，他认为，中医药原创思维与现代科技相结合，能产生原创成果。在谈到屠呦呦获诺贝尔医学奖的启示时，他说：“中医药学从来不是封闭的，也是与时俱进、不断发展的，吸收不同时代的新认识和新技术方法为我所用。当代，科学技术突飞猛进，中医药发展也需要与现代科技相结合，不断丰富中医药的科学内涵和时代特色。中医药是我国具有自主知识产权的主要领域，中医药独特的理论体系和原创思维，可谓科技创新的不尽源泉，蕴含着巨大的创新潜力。中医原

1995 年，屠呦呦出席庆祝五一国际劳动节暨表彰全国劳动模范和先进工作者大会

2002 年 4 月，屠呦呦获中华全国妇女联合会、国家知识产权局、中国发明协会联合授予的“新世纪巾帼发明家”称号

2015 年 11 月 19 日，屠呦呦与瑞典驻华大使罗睿德交流赴瑞典领取诺贝尔奖活动情况

2015 年 11 月 19 日，屠呦呦及丈夫李廷钊，中国中医科学院院长、中国工程院院士张伯礼与瑞典驻华大使罗睿德合影

骄傲。

屠呦呦的获奖，说明中国女性在智能方面同样出类拔萃。女性在顺利“走出厨房后”，能够赢得多么大的舞台，屠呦呦的成长之路，已给出了答案。在科学研究的能力和潜力方面，那些认为女性在科研领域难有作为的刻板印象和陈腐观念，纯属无稽之谈和迂腐之论。

屠呦呦的经历也充分说明，新中国所施行的一系列男女平等政策，对女性发展和国家发展的双重推动，屠呦呦的获奖，正是这些政策和措施所结出的硕果。随着国家愈加重视女性人才成长、更多支持女性人才成长的政策举措出台、社会各界合力营造有利于女性人才成长的良好环境，更多的“屠呦呦”将在平等的环境下茁壮成长，在没有“天花板”的空间里脱颖而出。

如今，85 岁的屠呦呦依然执着于中医药事业。这位受人尊敬的女性身上，充分体现了医学工作者服务大众、济世救人的崇高情怀，充分体现了中国科学家求真务实、艰苦探索、专注事业、勇于创新的职业风范。

执拗的呦呦

2005 年，屠呦呦的家从北京三里屯搬到了朝阳区金台路附近一个小区中的一幢高楼。按北京人的习惯说法，这是一套三室两厅格局的房子。房子的视野较开阔，不仅采光较好，从客厅向外望去，中央电视台新址、人民日报社等北京新地标也皆入眼中。屠呦呦夫妇对新居所很满意。按照这个家庭的习惯，做出购买这样一套房子的重大决定自然又是丈夫李廷钊拍板，李廷钊也一直把它视为自己晚年的得意之作。也正是在这里，屠呦呦收获了一个个国际大奖，成为世界瞩目的人物。

虽然已年过八旬，但屠呦呦从未把自己纳入退休行列。这不仅因为她是中国中医科学院终身研究员，担任着青蒿素研究中心主任，更重要的是她个人的兴趣从未转移：那就是她从大学开始始终为之奉献的医药学事业。她执拗的性格决定了这一点。

就在青蒿素越来越受到青睐并得到广泛使用时，屠呦呦的关注点却已转移到青蒿素被滥用以及疟原虫耐药性问题上。她很早就注意到，在一些科学文献和新闻报道中提及，原本作为特效药的青蒿素，杀灭疟原虫的周期正渐渐变长，对青蒿素产生抗药性的疟原虫，已经出现在一些疟疾发病区。屠呦呦说，像这一领域内的其他研究人员一样，对最近一些报告中提到对青蒿素产生抗药性疟原虫的出现，她深感忧虑。世卫组织为此做出了正确的战略决策，建议为了避免出现这种抗性，须停止单一使用青蒿素的治疗方法。

屠呦呦进一步提到，一些地区大规模使用青蒿素预防疟疾的做法，是产生药物抗药性的一种潜在因素，希望国际社会规范疟疾治疗方法，停止对青蒿素的药物滥用。

屠呦呦漫画（曹一绘，曹一供图）

屠呦呦从不讳言自己对如何利用青蒿素的独特立场。无论别人怎么说怎么做，她都努力坚持自己的观点。这种执拗的性格始终伴随着她，从未改变。

1975 年，在进一步部署青蒿研究“大会战”的成都会议上，她就曾因此受到批评。据黎润红整理的《“523 任务”大事记（1964 至 1981 年）》记载，成都会议“会上各研究单位汇报交流了各项研究工作的进展情况，会议特别提到广东中医学院中医中药研究组八年如一日，坚持深入疟区农村，积累了救治脑型疟疾的经验，取得了较好成绩。与此同时也提到有些单位偏重于实验室研究，关起门来搞提高的倾向也时有表现”。而据相关知情人士介绍，这句带有批评意味的话，针对的对象之一就是屠呦呦及其研究团队。当许多人响应号召，兴致勃勃地将青蒿素广泛投入临床试验时，作为发现者，屠呦呦却坚持要在实验室里搞清楚青蒿素的结构，在明确结构后再确定是否应大面积投入临床应用。她认为这才是对病患负责、遵循医学基本规律的态度。

与执拗密切相关的是她对创新的不断追求与认知。12 月 2 日晚上，就在前往斯德哥尔摩领取诺贝尔奖的前两天，屠呦呦还对中国中医科学院中药研究所所长陈士林谈到创新的重要性。她丈夫李廷钊在旁边插话道，创新是五中全会的决定，都已经写到文件里了。她一听马上声音高亢地说，中央的这个决定好，我赞成。她接着说道：其实如果说当年发现青蒿抗疟的秘密那就是创新，要想着各种办法试。现在，要使青蒿素不断焕发新的生命力，就依然要不断创新。只有这样才能取得成功。对于85岁的屠呦呦而言，创新不是一个什么时髦的词汇，而是她始终践行的理念，更是她科研成功之路的关键。

她的执拗性格还表现在她那深深的爱国情怀。对于屠呦呦，只要是国家需要，她都会尽自己的所有努力去完成、去拼搏。对祖国的挚爱是她心中最珍爱的东西。为能承担起青蒿素研究任务，她毫不犹豫地选择了与两个女儿骨肉分离之苦；为彻底了解青蒿素的毒副作用，她冒着生命危险主动以身试药。

回顾这位八十多岁老人曾经做出的诸多重大决定与选择，我们都可以找到报效国家这一决定性因素。就连这次决定去瑞典领取诺贝尔奖也是如此。本来屠呦呦年事已高，身体有病加上近年腰不好，对于是否去领奖她是犹豫的，她最初在接受《纽约时报》等媒体采访时也已明确表达了这一态度。但当单位相关同事劝她说，获得诺奖不仅是个人的荣誉，也是国家的荣誉，如果可能还是要去的时候，她就马上决定奔赴瑞典。李廷钊说，一说到国家需要，她就不会再选择别的。她一辈子都是这样。

执拗于规律，执拗于创新，执拗于爱国，执拗于理想，虽千万人吾往矣。这就是屠呦呦！这就是一位中国科学家独特而深深的情怀！

附　录

在瑞典卡罗林斯卡学院的演讲

（2015 年 12 月 7 日）

屠呦呦

尊敬的主席先生，尊敬的获奖者，女士们，先生们：

今天我极为荣幸能在卡罗林斯卡学院讲演，我报告的题目是：青蒿素——中医药给世界的一份礼物。

在报告之前，我首先要感谢诺贝尔奖评委会、诺贝尔奖基金会授予我 2015 年生理学或医学奖。这不仅是授予我个人的荣誉，也是对全体中国科学家团队的嘉奖和鼓励。在短短的几天里，我深深地感受到了瑞典人民的热情，在此我一并表示感谢。

谢谢 William C. Campbell（威廉姆·坎贝尔）和 Satoshi Ōmura（大村智）二位刚刚所作的精彩报告。我现在要说的是 40 年前，在艰苦的环境下，中国科学家努力奋斗从中医药中寻找抗疟新药的故事。

关于青蒿素的发现过程，大家可能已经在很多报道中看

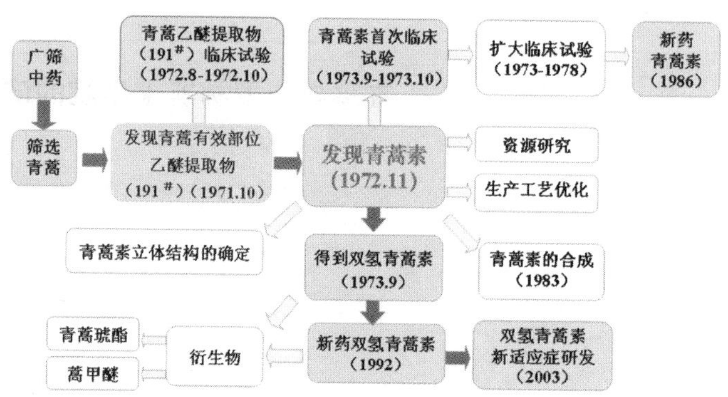

到过。在此，我只做一个概要的介绍。这是中医研究院抗疟药研究团队当年的简要工作总结，其中蓝底（上图为黄底——编者注）标示的是本院团队完成的工作，白底标示的是全国其他协作团队完成的工作。蓝底向白底过渡标示既有本院也有协作单位参加的工作。

中药研究所团队于1969年开始抗疟中药研究。经过大量的反复筛选工作后，1971年起工作重点集中于中药青蒿。又经过很多次失败后，1971年9月，重新设计了提取方法，改用低温提取，用乙醚回流或冷浸，而后用碱溶液除掉酸性部位的方法制备样品。1971年10月4日，青蒿乙醚中性提取物，即标号191#的样品，以1.0克/公斤体重的剂量，连续3天，口服给药，鼠疟药效评价显示抑制率达到100%。同年12月到次年1月的猴疟实验，也得到了抑制率100%

的结果。青蒿乙醚中性提取物抗疟药效的突破，是发现青蒿素的关键。

1972 年 8 月至 10 月，我们开展了青蒿乙醚中性提取物的临床研究，30 例恶性疟和间日疟病人全部显效。同年 11 月，从该部位中成功分离得到抗疟有效单体化合物的结晶，后命名为“青蒿素”。

1972 年 12 月，开始对青蒿素的化学结构进行探索，通过元素分析、光谱测定、质谱及旋光分析等技术手段，确定化合物分子式为 $C_{15}H_{22}O_5$，分子量 282。明确了青蒿素为不含氮的倍半萜类化合物。

1973 年 4 月 27 日，中国医学科学院药物研究所分析化学室进一步复核了分子式等有关数据。1974 年起，与中国科学院上海有机化学研究所和生物物理所相继开展了青蒿素结构协作研究的工作。最终经 X 光衍射确定了青蒿素的结构。确认青蒿素是含有过氧基的新型倍半萜内酯。立体结构于 1977 年在中国的《科学通报》发表，并被《化学文摘》收录。

1973 年起，为研究青蒿素结构中的功能基团而制备衍生物。经硼氢化钠还原反应，证实青蒿素结构中羰基的存在，发明了双氢青蒿素。经构效关系研究：明确青蒿素结构中的过氧基团是抗疟活性基团，部分双氢青蒿素羟基衍生物的鼠疟效价也有所提高。

这里展示了青蒿素及其衍生物双氢青蒿素、蒿甲醚、青蒿琥酯、蒿乙醚的分子结构。直到现在，除此类型之外，其

青蒿素及其衍生物分子结构

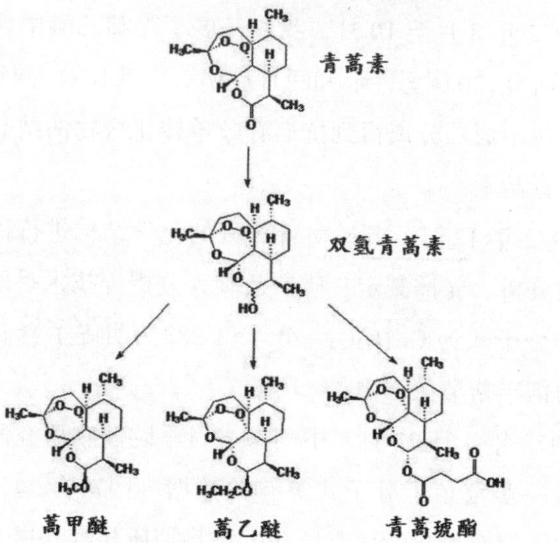

青蒿素

双氢青蒿素

蒿甲醚　蒿乙醚　青蒿琥酯

他结构类型的青蒿素衍生物还没有用于临床的报道。

1986 年，青蒿素获得了卫生部《新药证书》。于 1992 年再获得双氢青蒿素《新药证书》。该药临床药效高于青蒿素 10 倍，进一步体现了青蒿素类药物“高效、速效、低毒”的特点。

1981 年，世界卫生组织、世界银行、联合国开发计划署在北京联合召开疟疾化疗科学工作组第四次会议，有关青蒿素及其临床应用的一系列报告在会上引发热烈反响。我的报告是《青蒿素的化学研究》。20 世纪 80 年代，数千例中国的疟疾患者得到青蒿素及其衍生物的有效治疗。

听完这段介绍，大家可能会觉得这不过是一段普通的药物发现过程。但是，当年从在中国已有两千多年沿用历史的中药青蒿中发掘出青蒿素的历程却相当艰辛。

1969 年，中医科学院中药研究所参加全国“523”抗击疟疾研究项目。经院领导研究决定，我被指令负责并组建“523”项目课题组，承担抗疟中药的研发。这一项目在当时属于保密的重点军工项目。对于一个年轻科研人员，有机会接受如此重任，我体会到了国家对我的信任，深感责任重大，任务艰巨。我决心不辱使命，努力拼搏，尽全力完成任务！

这是我刚到中药研究所的照片，左侧是著名生药学家楼

之岑，他指导我鉴别药材。从 1959 年到 1962 年，我参加西医学习中医班，系统学习了中医药知识。化学家路易 · 帕斯特说过“机会垂青有准备的人”。古语说：凡是过去，皆为序曲。然而，序曲就是一种准备。当抗疟项目给我机遇的时候，西学中的序曲为我从事青蒿素研究提供了良好的准备。

接受任务后，我收集整理历代中医药典籍，走访名老中医并收集他们用于防治疟疾的方剂和中药，同时调阅大量民间方药。在汇集了包括植物、动物、矿物等 2000 余内服、外用方药的基础上，编写了以 640 种中药为主的《疟疾单秘验方集》。正是这些信息的收集和解析铸就了青蒿素发现的基础，也是中药新药研究有别于一般植物药研发的地方。

当年我面临研究困境时，又重新温习中医古籍，进一步思考东晋（公元 4—5 世纪）葛洪《肘后备急方》有关“青蒿一握，以水二升渍，绞取汁，尽服之”的截疟记载。这使我联想到提取过程可能需要避免高温，由此改用低沸点溶剂的提取方法。

关于青蒿入药，最早见于马王堆三号汉墓的帛书《五十二病方》，其后的《神农本草经》《补遗雷公炮制便览》《本草纲目》等典籍都有青蒿治病的记载。然而，古籍虽多，却都没有明确青蒿的植物分类品种。当年青蒿资源品种混乱，药典收载了 2 个品种，还有 4 个其他的混淆品种也在使用。后续深入研究发现：仅 *Artemisia annua L.* 一种含有青蒿素，抗疟有效。这样客观上就增加了发现青蒿素的难度。再加上青蒿素在原植物中含量并不高，还有药用部位、产地、采收季节、纯化工艺的影响，青蒿乙醚中性提取物的成功确实来之不易。中国传统中医药是一个丰富的宝藏，值得我们多加思考，发掘提高。

70年代中国的科研条件比较差，为供应足够的青蒿有效部位用于临床，我们曾用水缸作为提取容器。由于缺乏通风设备，又接触大量有机溶剂，导致一些科研人员的身体健康受到了影响。为了尽快上临床，在动物安全性评价的基础上，我和科研团队成员自身服用有效部位提取物，以确保临床病人的安全。当青蒿素片剂临床试用效果不理想时，经过努力坚持，深入探究原因，最终查明是崩解度的问题。改用青蒿素单体胶囊，从而及时证实了青蒿素的抗疟疗效。

1972年3月8日，全国“523”办公室在南京召开抗疟药物专业会议，我代表中药所在会上报告了青蒿191#提取物对鼠疟、猴疟的结果，受到会议极大关注。同年11月17日，在北京召开的全国会议上，我报告了30例临床全部显效的结果。从此，拉开了青蒿抗疟研究全国大协作的序幕。

今天，我再次衷心感谢当年从事“523”抗疟研究的中医科学院团队全体成员，铭记他们在青蒿素研究、发现与应用中的积极投入与突出贡献。感谢全国“523”项目单位的通力协作，包括山东省中药研究所、云南省药物研究所、中国科学院生物物理所、中国科学院上海有机所、广州中医药大学以及军事医学科学院等，我衷心祝贺协作单位同行们所取得的多方面成果，以及对疟疾患者的热诚服务。对于全国“523”办公室在组织抗疟项目中的不懈努力，在此表示诚挚的敬意。没有大家无私合作的团队精神，我们不可能在短期内将青蒿素贡献给世界。

WHO 总干事陈冯富珍在谈到控制疟疾时有过这样的评价，在减少疟疾病例与死亡方面，全球范围内正在取得的成绩给我们留下了深刻印象。虽然如此，据统计，全球 97 个国家与地区的 33 亿人口仍在遭遇疟疾的威胁，其中 12 亿人生活在高危区域，这些区域的患病率有可能高于 1/1000。统计数据表明，2013 年全球疟疾患者约为 19800 万人，疟疾导致的死亡人数约为 58 万，其中 78%是 5 岁以下的儿童。90%的疟疾死亡病例发生在重灾区非洲。70%的非洲疟疾患者应用青蒿素复方药物治疗（Artemisinin-based Combination Therapies，ACTs）。但是，得不到 ACTs 治疗的疟疾患儿仍达 5600 万到 6900 万人之多。

在大湄公河地区，包括柬埔寨、老挝、缅甸、泰国和越南，恶性疟原虫已经出现对于青蒿素的抗药性。在柬埔寨—泰国边境的许多地区，恶性疟原虫已经对绝大多数抗疟药产生抗药性。不仅在大湄公河流域有抗药性，在非洲少数地区也出现了抗药性。这些情况都是严重的警示。

世界卫生组织 2011 年推出了遏制青蒿素抗药性的全球计划。这项计划出台的目的是保护 ACTs 对于恶性疟疾的有效性。鉴于青蒿素的抗药性已在大湄公河流域得到证实，扩

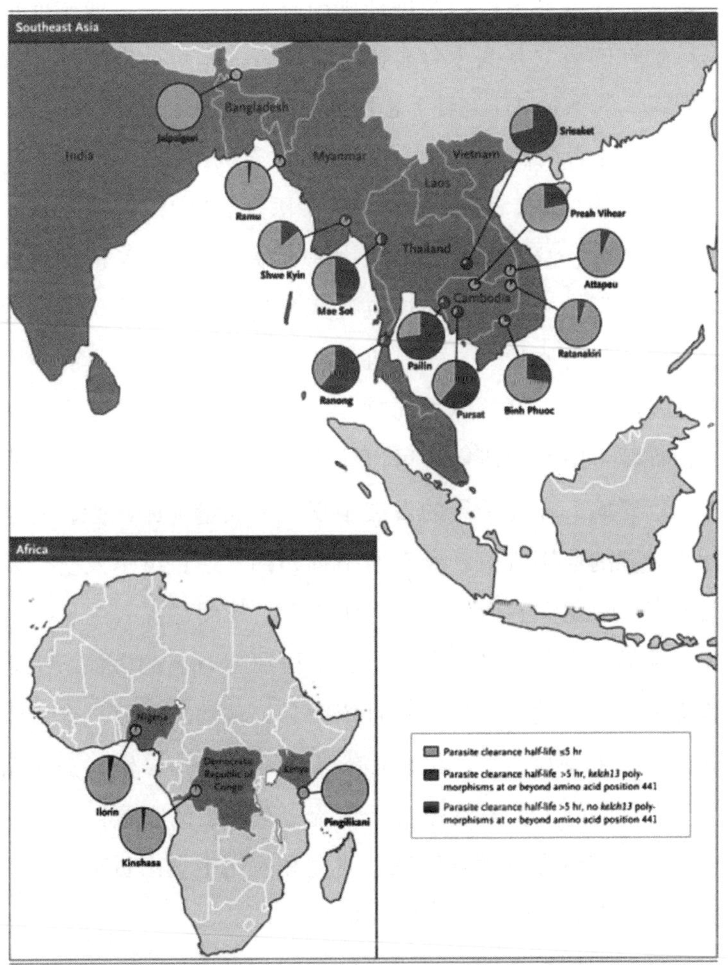
Southeast Asia
Bangladesh
India
Myanmar
Vietnam
Laos
Thailand
Cambodia
Jalpaiguri
Ramu
Shwe Kyin
Mae Sot
Ranong
Pailin
Pursat
Binh Phuoc
Ratanakiri
Attapeu
Preah Vihear
Srisaket
Africa
Nigeria
Democratic Republic of Congo
Kenya
Ilorin
Kinshasa
Pingilikani
Parasite clearance half-life ≤5 hr
Parasite clearance half-life >5 hr, *kelch13* polymorphisms at or beyond amino acid position 441
Parasite clearance half-life >5 hr, no *kelch13* polymorphisms at or beyond amino acid position 441

散的潜在威胁也正在考察之中。参与该计划的100多位专家们认为，在青蒿素抗药性传播到高感染地区之前，遏制或消除抗药性的机会其实十分有限。遏制青蒿素抗药性的任务迫在眉睫。为保护ACTs对于恶性疟疾的有效性，我诚挚希望全球抗疟工作者认真执行WHO遏制青蒿素抗药性的全球计划。

在结束之前，我想再谈一点中医药。“中国医药学是一个伟大宝库，应当努力发掘，加以提高。”青蒿素正是从这一宝库中发掘出来的。通过抗疟药青蒿素的研究经历，深感中西医药各有所长，二者有机结合，优势互补，当具有更大的开发潜力和良好的发展前景。大自然给我们提供了大量的植物资源，医药学研究者可以从中开发新药。中医药从神农尝百草开始，在几千年的发展中积累了大量临床经验，对于自然资源的药用价值已经有所整理归纳。通过继承发扬，发掘提高，一定会有所发现，有所创新，从而造福人类。

最后，我想与各位分享一首我国唐代有名的诗篇，王之涣所写的《登鹳雀楼》：“白日依山尽，黄河入海流。欲穷千里目，更上一层楼。”请各位有机会时更上一层楼，去领略中国文化的魅力，发现蕴含于传统中医药中的宝藏！

衷心感谢在青蒿素发现、研究和应用中做出贡献的所有国内外同事们、同行们和朋友们！

深深感谢家人的一直以来的理解和支持！

衷心感谢各位前来参会！

谢谢大家！

屠呦呦年表

1930 年

12 月 30 日，出生于浙江省宁波市开明街 508 号

1936—1941 年　6—11 岁

就读于宁波私立崇德小学初小

1941 年　11 岁

宁波沦陷后，迁入开明街 26 号姚宅

1941—1943 年　11—13 岁

就读于宁波私立鄮西小学高小

1943—1945 年　13—15 岁

就读于宁波私立器贞中学初中

1945—1946 年 15—16 岁

就读于宁波私立甬江女中初中

1948—1950 年 18—20 岁

就读于宁波私立效实中学高中。后来成为其丈夫的李廷钊也于1944—1951 年就读于效实中学

1950—1951 年 20—21 岁

就读于浙江省立宁波中学高中

1951—1955 年 21—25 岁

就读于北京大学医学院药学系

1955 年 25 岁

毕业分配至卫生部中医研究院（2005 年，更名为中国中医科学院），任职于中药研究所

1959—1962 年 29—32 岁

脱产参加卫生部中医研究院第三期“西医离职学习中医班”

1963 年 33 岁

与李廷钊在北京结婚

1965 年 35 岁

5 月，大女儿李敏在北京出生

1968 年 38 岁

9 月，小女儿李军在宁波出生

1969 年　39 岁

1 月 21 日，正式参加全国“523”项目，被任命为卫生部中医研究院“523”项目“抗疟中草药研究”课题组组长

4 月，精选编辑完成包含 640 个方药的《疟疾单秘验方集》

7 月，屠呦呦第一次到海南疟疾现场开展工作

1971 年　41 岁

10 月 4 日，经过 190 次实验失败后，发现编号为第 191 号的乙醚中性提取物对疟原虫的抑制率达 100%

1972 年　42 岁

7 月，参加青蒿提取物人体试验，以身试药

8—10 月，在海南昌江疟区及北京 302 医院开展了 30 例恶性疟与间日疟临床验证

9 月 25 日至 11 月 8 日，课题组先后分离得到几种结晶

12 月初，鼠疟试验确认 11 月 8 日得到的结晶有显效（曾称为“青蒿针晶 II”等，后定名为青蒿素）

1973 年　43 岁

3—4 月，确定青蒿素的分子式及分子量

9—10 月，在海南昌江疟区进行青蒿素的临床首次试用，确认了其抗疟效果

9 月，制备青蒿素衍生物，发现双氢青蒿素

10 月，海南现场临床确认青蒿素抗疟疗效

1974 年　44 岁

1 月，与中国科学院上海有机化学研究所协作研究青蒿素分子结构

后期，与中国科学院生物物理研究所协作用 X 衍射方法研究青蒿素分子结构

1975 年　45 岁

11 月 30 日，青蒿素分子结构确定

1979 年　49 岁

任中国中医研究院中药研究所副研究员

1980 年　50 岁

聘为中国中医研究院中药研究所硕士研究生导师

1985 年　55 岁

任中国中医研究院中药研究所研究员

1986 年　56 岁

获批青蒿素《新药证书》

1992 年　62 岁

获批双氢青蒿素《新药证书》

2001 年　71 岁

聘为中国中医研究院中药研究所博士研究生导师

2003 年　73 岁

获治疗红斑狼疮和光敏性疾病的含双氢青蒿素的药物组合物专利证书

2004 年　74 岁

2 月，获抗疟新药复方双氢青蒿素专利证书

6 月，获治疗红斑狼疮药物双氢青蒿素片的临床研究批件

2009 年　79 岁

获第三届中国中医科学院唐氏中药发展奖

2011 年　81 岁

9 月，获美国拉斯克临床医学奖

2015 年　85 岁

6 月 15 日，获华伦·阿尔波特基金会与哈佛大学医学院联合授予的华伦·阿尔波特奖

10 月，获诺贝尔生理学或医学奖

2017 年　87 岁

1 月 9 日，获 2016 年度国家最高科学技术奖，中共中央总书记、国家主席、中央军委主席习近平向其颁奖

主要参考资料

1. 周兴 :《屠呦呦》，参见《20 世纪中国知名科学家学术成就概览·医学卷·药学分册》，科学出版社 2013 年版。
2. 屠呦呦编著 :《青蒿及青蒿素类药物》，化学工业出版社 2009 年版。
3. 徐季子等 :《宁波史话》，浙江人民出版社 1986 年版。
4. 李娜 :《呦呦弄蒿》，《科技导报》2015 年第 33 卷第 20 期。
5. 蒋昕捷:《屠呦呦，迟到的荣誉》，《财新周刊》2011 年第 38 期。
6. 李珊珊 :《发现屠呦呦》，《南方人物周刊》2011 年第 35 期。

后记

屠呦呦获得诺贝尔等国际大奖，既是她个人的荣誉，也是中国科技繁荣进步的体现，是中医药对人类健康事业做出巨大贡献的体现。为了便于广大读者了解屠呦呦的经历与生活，学习屠呦呦执着理想、勇于创新、无私奉献、协作进取、勇攀高峰的精神，人民出版社策划了本书。本书组织工作由中国中医科学院负责，中国妇女报社、中国中医药报社及人民出版社相关同志参加撰写工作，王长路、王满元、陈廷一等同志为本书撰写做出突出贡献。为撰写本书，先后采访了屠呦呦女士及众多相关人士，参考了国内外大量的相关资料，得到中国中医科学院中药研究所的大力支持，在此一并表示感谢。由于时间较紧，本书还存在诸多不足，请广大读者予以批评指正，以便我们修订时改进完善。

人民出版社

2015 年 12 月

封面摄影：金立旺
组　　稿：张振明　刘敬文
责任编辑：刘敬文　李京明　安新文　郑牧野
　　　　　王新明　余　平　刘彦青　忽晓萌
封面设计：薛　宇

图书在版编目（CIP）数据

屠呦呦传/《屠呦呦传》编写组 编写. —北京：人民出版社，2018.12
（2019.6 重印）
ISBN 978－7－01－019002－0

Ⅰ.①屠…　Ⅱ.①屠…　Ⅲ.①屠呦呦-传记　Ⅳ.①K826.2

中国版本图书馆 CIP 数据核字（2018）第 037672 号

屠呦呦传
TU YOUYOU ZHUAN

《屠呦呦传》编写组

人民出版社 出版发行
（100706　北京市东城区隆福寺街 99 号）

北京新华印刷有限公司印刷　新华书店经销

2018 年 12 月第 1 版　2019 年 6 月北京第 2 次印刷
开本：880 毫米×1230 毫米 1/32　印张：5.125
字数：101 千字

ISBN 978－7－01－019002－0　定价：36.00 元

邮购地址 100706　北京市东城区隆福寺街 99 号
人民东方图书销售中心　电话（010）65250042　65289539

版权所有・侵权必究
凡购买本社图书，如有印制质量问题，我社负责调换。
服务电话：（010）65250042